ダイエー創業者
中内功
衝撃の警告

公開霊言

日本と世界の景気はこう読め

大川隆法
Ryuho Okawa

本霊言は、2012年10月26日（写真上・下）、幸福の科学総合本部にて、
質問者との対話形式で公開収録された。

まえがき

かつて、ダイエーの創業者中内㓛《なかうちいさお》さんと機内で隣合わせてから、もう二十年の歳月は過ぎ去っているだろう。

経営学者P・F・ドラッカーとの往復書簡が本に出るほどの高名な経営者。復員後、一軒の薬局から、世界的流通業を創った男。晩年は球団経営やホテル経営まで手を広げてコングロマリット化していった。非凡な読書家でもあり、次々とアイデアをつむぎ出していく男。その手腕を参考にしつつも、経営の神様ともいわれた松下幸之助氏との対立軸についても、私は長い間考え続けてきた。

一人の男の夢が世界に花開く時、様々な敵との戦いや、万の単位の従業員をかかえた者の公人としての責任が顕在化《けんざいか》してくる。

アベノミクスを今、中内氏はどう考えるだろう。経営の世界も悟りの世界に似て、次々と悟りを重ねてゆかねばならない。乱気流時代を生き抜く者たちへの警告がここにある。

二〇一三年　六月三十日

幸福《こうふく》の科学《かがく》グループ創始者兼総裁《そうししゃけんそうさい》　大川隆法《おおかわりゅうほう》

ダイエー創業者　中内㓛・衝撃の警告　日本と世界の景気はこう読め　目次

まえがき　1

ダイエー創業者　中内㓛《なかうちいさお》・衝撃《しょうげき》の警告
日本と世界の景気はこう読め

二〇一二年十月二十六日　中内㓛の霊示《れいじ》
東京都・幸福の科学総合本部にて

「霊言現象《れいげんげんしょう》」とは、あの世の霊存在の言葉を語り下ろす現象のことをいう。これは高度な悟《さと》りを開いた者に特有のものであり、「霊媒現象《れいばいげんしょう》」(トランス状態になって意識を失い、霊が一方的にしゃべる現象)とは異なる。

なお、「霊言」は、あくまでも霊人の意見であり、幸福の科学グループとしての見解と矛盾《むじゅん》する内容を含《ふく》む場合がある点、付記しておきたい。

ダイエー創業者　中内㓛《なかうちいさお》・衝撃《しょうげき》の警告
日本と世界の景気はこう読め

二〇一二年十月二十六日　中内㓛の霊示《れいじ》
東京都・幸福の科学総合本部にて

中内切《なかうちいさお》（一九二二～二〇〇五）

日本の実業家。ダイエーを創業し、戦後日本におけるスーパーマーケット（総合スーパー）業界の黎明《れいめい》期から立ち上げにかかわる。「価格破壊《はかい》」をモットーにチェーンストアを全国に展開。消費者主体型の流通システムを確立させ、ダイエーを中心とした商業施設《しせつ》の普及《ふきゅう》拡大に務めるとともに、「流通革命」の旗手として大きく貢献《こうけん》した。日本チェーンストア協会会長・名誉《めいよ》会長、日本経済団体連合会副会長等を歴任。学校法人中内学園 流通科学大学を創設し、学園長、理事長を務めた。

質問者　小林早賢《こばやしそうけん》（幸福の科学広報・危機管理担当副理事長）
大田薫《おおたかおる》（幸福の科学専務理事 兼《けん》 財務局長）

［質問順。役職は収録時点のもの］

1 「乱気流の時代」の生き筋を探《さぐ》る

独自の「安売り哲学《てつがく》」で、ダイエーを全国に広げた中内切《なかうちいさお》氏

大川隆法 いろいろと取り組みたいことは多いのですけれども、これから、景気や経済の動向がどうなるか、非常に心配な折でもありますので、その点について、できるだけ情報を集めておきたいと思います。もちろん、通常のルートで手に入る情報はありますが、それでは入手できないものを出せるところが幸福の科学の強みでしょう。

現在、ソニーやパナソニック等、家電業界が危険なことは分かっているのですけれども、小売業界がどうなのかも、少し気になっています。

というのも、最近、ファーストリテイリング（ユニクロ）の柳井《やない》さんに注目しているのですが、ダイエーの中内㓛《なかうちいさお》さんと二重写しに見えてくる感じがするからです。

若い人は知らないでしょうが、中内さんは、「戦後、スーパーを全国に広げた中心人物」と言ってもよい方です。私の父よりも一つ年下で、今から七年ほど前に八十三歳《さい》で亡《な》くなられました。

「初めから、スーパーはあった」と思っている人は多いのかもしれませんが、もともとは、魚屋、八百屋《やおや》、肉屋……というように、バラバラに店があったのです。それが、スーパーというかたちになり、さらにチェーン店として広がっていったわけですが、その中心的な役割をした人が中内さんなのです。私などは、そうやって、スーパーが広がっていくところを目《ま》の当たりにした世代であると言えるでしょう。

中内さんは、戦争中、フィリピンのルソン島等の激戦地で、生死の境をさまようような経験をなされたようです。「食べる物がなく、革靴《かわぐつ》の革を食べたりするような厳しい生活をした」とか、「『家族でこたつを囲み、すき焼きを食べる』という白昼夢を見た。『もし生きて帰れたら、そんなことが実現できるような世の中にしたい』と思った」とかいうことを言っておられました。

戦後、復員したのですが、父親のやっていた薬屋の跡《あと》は、弟が継《つ》いで社長をしており、兄貴ではあったものの、あとから帰ってきたせいで、「店員」という扱《あつか》いで仕えていたようです。

しかし、やはり、つらかったらしく、大阪《おおさか》で独立して、「主婦の店ダイエー」を始めました。昭和三十二年ですから、私が生まれた次の年になりますけれども、これが、（ダイエーとしての）スーパー第一号になるわけです。そこでの安売りが大当たりし、その後、だんだんにチェーン店を広げていきました。

ただ、最初は、安売りした主婦に大受けしたのですが、やはり、日本経済が成長していくにつれて、経営哲学《てつがく》も変化していかなくてはいけませんでした。このへんには難しいところがあります。そういう意味では、経営哲学の研究対象として、非常に勉強になるところでしょう。

中内さんは、『わが安売り哲学』という本まで書いていましたが、ある経済評論家から、「商売人は本を書いては駄目《だめ》だ。本を書いたら、その考え方に縛《しば》られ、違《ちが》うことができなくなるので、書いてはいけない」と怒《おこ》られたようです。ちなみに、私は、その本を読んでいるのですが、彼は途中《とちゅう》で引き揚《あ》げ、絶版にしてしまいました。

さらに、もう少し時代を下ると、彼は、「物価二分の一革命」を唱えていました。ダイエーの最後の盛り上がり、つまりは、これから下がっていく手前の時期だったと思いますけれども、「日本の物価を二分の一にする」と宣言して、取り組んでおられたのです。

それは、ちょうど幸福の科学が始まるころでもありましたが、私は、「ダイエーは、潰《つぶ》れるのではないか」と思ったことを覚えています。

やはり、同業他社が数多くあり、それらを潰しながら大きくなっていく間は、「物価二分の一革命」が可能だろうとは思うのですが、ナンバーワンになって、潰す相手がなくなれば、理論的には、「自分が潰れる」ということになります。

私は、失礼とは思いながらも、自身のセミナーや講演会等で、「潰れるのではないか」と申し上げたように記憶《きおく》していますが、その後、倒産《とうさん》の危機を何度か迎《むか》えるようになっていきました。

また、阪神大震災《はんしんだいしんさい》でも、かなりの店舗《てんぽ》が被害《ひがい》を受けたようです。

そうとうな功労のあった方ではありますが、晩年は、やや、厳しい状態だったのではないでしょうか。

松下幸之助《まつしたこうのすけ》氏との間で起きた「三十年戦争」

大川隆法　中内さんが、日本に、「消費者主導型の経営」という考え方を導入したことは、一つの転換点《てんかんてん》となったと思います。また、それに関する、松下幸之助《まつしたこうのすけ》さんとの経営哲学のぶつかり合いは、見物《みもの》でもありました。

松下幸之助さんは、「水道哲学」という有名な考え方を発表しています。それは、「水道の水のようにタダ同然であれば、誰《だれ》が飲んでも、泥棒《どろぼう》とは言わない。同じく、タダ同然のように、無限に物を供給していけば、世の中は豊かになって繁栄《はんえい》する」というものです。

ただ、松下電器（現パナソニック）のなかでも、「松下の製品は、そんなに安くはありませんよ」と言う人も出てきてはいました。これが、「山下跳《やましたと》び」といって、末席から二番目の取締役《とりしまりやく》だったときに二十四人抜《ぬ》きで社長になった山下俊《とし》彦《ひこ》さんです。彼は、その発言のあとで社長に抜擢《ばってき》されておりますが、一取締役のときに、幸之助さんに直接、「安くないですよ」と言ったようなのです。

確かに、幸之助さんの哲学自体は、「ものをつくるためには、どうしても必要コストがかかる。その上に適正利潤《りじゅん》を乗せた価格が適正価格だ。これで売らなければ、うまくはいかない。そのかたちで共存《きょうぞん》共栄していくのが正しい」というものですから、「生産者主導型の経営」であることは間違いありません。

経済学的には、「セイの法則」が残っている感じがします。これは、「つくったら売れる」という〝恐《おそ》ろしい〟法則です。確かに、物が不足している時代には、新しい物をつくれば何でも売れました。今どきは通じないのですが、物不足の折であれば、つくりさえすれば、何でも必ず売れた時代があったために、「つくった物は売れる」という「セイの法則」が唱えられたのです。

しかし、豊かな社会になってきたら、やはり、競争が始まり、ディスカウントも始まるため、いろいろと複雑な経営学が必要になります。

「供給サイドではなく、需要《じゅよう》サイド、つまり、消費者の側を見る」という哲学自体は、アメリカで先行していた考え方ですが、中内さんは、アメリカを視察され、ディスカウントショップがかなり流行《はや》っているのを見て、自分でも行ったのでしょう。今の日本でも、百円ショップのようなディスカウントショップが、それなりに、いろいろな所で流行っているわけですから、当然、経営哲学のぶつかり合いは起きるだろうと思います。

例えば、今のユニクロを思わせるものの一つですが、中内さんは、「直接生産し、直売することで値を下げる」というやり方をしていました。例えば、普通《ふつう》のルートから牛肉を仕入れるのではなく、直接、畜産《ちくさん》農家に頼《たの》み込《こ》んで、ダイエー向けに必要な肉をつくらせ、直売することで安売りをするわけです。

これは、ユニクロが行った、「人件費の安かった中国で、日本と同じやり方ができるように仕込んで商品をつくらせ、原価を下げて安売りし、シェアを取る」というやり方の先駆《せんく》的なかたちでしょうが、こうしたことを行っていました。

そういう意味で、経営哲学的に非常に難しいところがあり、結局、幸之助さんとぶつかって、「三十年戦争」と呼ばれる戦いを繰《く》り広げました。

松下電器が、「適正価格で売る」と主張したのは、ダイエーの店だけで松下電器の製品を安売りされた場合、自分のところの系列店が全部潰れていくことになるからです。特に、テレビの安売りをされると困るので、松下電器は、「目には見えない秘密の番号を打ち込み、どこから仕入れたかが分かるようにして、問屋《とんや》を調べて締《し》め上げる」ということまでしました。そういう、ものすごい〝スパイ合戦《がっせん》〟のようなことが起きたのです。ついには、「ダイエー自身が、安売りテレビをつくり始める」という事態にもなりました。

その後、中内さんは、幸之助さんの晩年の〝砦《とりで》〟である京都の真々庵《しんしんあん》で会談し、幸之助さんから、「覇道《はどう》はやめなされ」という感じで言われたのですが、承知できずに喧嘩《けんか》別れになったようです。三十年後には和解しているのですけれども、ここは、いわゆる「哲学の分かれ道」なのかもしれません。

「乱気流の時代」に向けて、中内氏の意見を参考にしたい

大川隆法　中内さん自身は、ドラッカーさんとも親交がありましたし、手紙のやり取りもしていて、それが本になってもいますが、ダイエーは、チェーン店を出していく際の一つのモデルではあったのでしょう。

今、再び、「乱気流の時代」に入ろうとするに当たり、企業《きぎょう》が生き残っていく道としては「高付加価値戦略」「高付加価値の少量多種生産」がある一方で、「安売りは不況《ふきょう》期やデフレ期に強い」という考えがあることも確かです。「安売りで生き延びられるかどうか」ということも研究しなくてはいけません。

さらに、「中国問題等の国際情勢が絡《から》んできたときに、いったいどう考えるべきか」についても、今、慎重《しんちょう》に見極《みきわ》めようとしているところなので、今回の霊言《れいげん》で、何らかの参考になることを言ってくれればありがたいと思います。

いずれにしても、中内さんは、引き揚げ後、薬局を皮切りにスーパーを始め、全国に広げていき、能力の限界まで頑張《がんば》られた方なのではないでしょうか。

問題点としては、「郊外《こうがい》に広大な土地を買い、ダイエーの店を建てることで土地が値上がりしたら、それを担保に入れて銀行から融資《ゆうし》を受け、さらに次の店を出す」という〝膨《ふく》らまし型〟の経営をやったことでしょう。これは、「そごう」の哲学と同じスタイルです。「そごう」は、建物を建てれば必ず値段が上がることを見越《みこ》して、駅前の土地を買っていきました。私は、「こうしたやり方は危ないだろう」と思っていましたが、結局、九〇年以降、破綻《はたん》したわけです。

幸之助さんは、「余分な土地は買わない」「本業以外はやらない」という主義だったのですが、中内さんとしては、このへんのところは、いわゆる「常識破壊《はかい》」だったのかもしれません。ただ、一部、常識にとらわれた面もあるかとは思います。

ともあれ、彼には、「スーパー業界の地位を上げ、数多くの食卓《しょくたく》に、安い値段で、おいしいものを届けた」という功績はあったと思われます。

中内㓛氏と柳井正《やないただし》氏の意外な共通点

大川隆法　私は、生前の中内さんに、一度だけ会ったことがあります。地方に講演に行った際の、帰りの飛行機だったのですが、二階席に座《すわ》ったところ、中内さんが、ヒョコヒョコヒョコッと上がってきて、私の横に座り、羽田《はねだ》へ着いたら、また、ヒョコヒョコヒョコッと降りていったのです。小柄《こがら》で、非常に敏捷《びんしょう》な動きをされる方でした。

最近、ファーストリテイリングの柳井《やない》さんを大阪の空港の待合室で見かけたのですが、彼は、中内さんと、とてもよく似た動きをしていました。物腰《ものごし》が軽く、「安売り業界は、こうなのかな」と感じたものです。

中内さんは、当時、年商が数兆円もあった有名な方でしたから、一人で行動していることに驚《おどろ》きつつも、「忙《いそが》しい人は、このようにするものなのか」と思ったのですが、柳井さんも、同じく、一人で空港の待合室にいました。中仕切り一枚を挟《はさ》んで、私の隣《となり》に座っていたのですが、小柄な方で、携帯《けいたい》電話でまくしたてながら、非常に腰の軽い感じで動いており、私は、「日本一の資産家と言われているのに、狙《ねら》われでもしたら、どうするのだろう」と思いながら見ていたのです。

とても狙いやすそうな感じで、格闘家《かくとうか》ぐらいの体格があれば、スッと持って逃《に》げられるというか、簡単に拉致《らち》できそうな人でした。〝ＵＦＯの牽引《けんいん》ビーム〟など使わなくても連れていけそうで、ＡＬＳＯＫ《アルソック》のＣＭに出ている女性格闘家であれば、十分に捕獲《ほかく》して連れ去れそうな身軽さであったように思うのですが（笑）、この業界はこういうものなのかもしれません。

また、当会に関係のある、ディスカウントストア等を展開する大黒天《だいこくてん》物産の社長が、先日、あるテレビ番組で紹介《しょうかい》されていたのですが、こちらも、ヘルメットをかぶって、自転車で通勤していました。しかも、自転車のサドルに破れ目が入っているところまで映されていたのです。やはり、安売りは、このくらいでないと実践《じっせん》できないのかもしれません。

ただ、中内さんのように、何兆円もの商売をしている大資産家が、身軽に動いていることに、不思議な感じを受けたことを覚えています。

ダイエー創業者・中内㓛氏の霊を招霊《しょうれい》する

大川隆法　中内さんは、幸之助さんから「覇道」と言われていたのですが、この人には貢献度《こうけん》もあるでしょう。今、どんな世界に還《かえ》っているのかも、はっきりとはしていないのですが、とりあえず、この世の仕事については関心がおありだと思いますし、話しているうちに、追い追い、いろいろなことが分かってくると思いますので、そのへんは、よしなにお願い申し上げます。

ただ、まだお呼びしたことがないので、どういう状況かは分かりません。

それでは、日本のスーパー業界の草分けにして、ダイエー創業者である中内切さんの霊《れい》をお呼び申し上げたいと思います。

ダイエー創業者、中内切さんの霊よ。

ダイエー創業者、中内切さんの霊よ。

これからの日本の企業のために、日本経済、世界経済の行方《ゆくえ》について、アドバイスを伺《うかが》いたいと思います。

どうか、幸福の科学総合本部に降りたまいて、そのお心のうちを明かしたまえ。

（約二十秒間の沈黙《ちんもく》）

2 「経済の崖《がけ》っぷち」に立つ日本

「これから、バタバタと企業《きぎょう》が潰《つぶ》れていく」と語る中内霊

中内㓛　うーん。

小林　こんにちは。ダイエー創業者の中内㓛さんでいらっしゃいますか。

中内㓛　うん、うん。

小林　本日は、幸福の科学総合本部にお越《こ》しいただきまして、まことにありがと

うございます。

帰天《きてん》されたのが二〇〇五年ですので、七年ほど前になりますけれども、その後の仕事や生活と言いますか、「この七年ほどの間、どのようなことをしておられたのか」というあたりから、お話を聴《き》かせていただければ、ありがたく思います。

中内切　いや、働き続けてますよ。

小林　あの世に戻《もど》られてからも、具体的に、どなたかをご指導されたりしているのでしょうか。

中内切　ああ、心配でいられないからね。店の数が多いでしょう？　やはり、この国も心配だしねえ。なんか、日本も、この二十年、ひどい状況《じょうきょう》が続いている。阪神大震災《はんしんだいしんさい》が起きて、うちもひどい目に遭《あ》ったけど、去年（二〇一一年）も、また、すごい震災（東日本大震災）が起きたよね。
だから、この国に未来があるかどうか、心配だねえ。

小林　この世にあるダイエーに関しては、資本関係、その他を手放されたかと思うのですけれども、それとは別に、あの世から、ダイエーを中心にしつつも、さまざまに、心配な企業《きぎょう》をご指導しておられると……。

中内切　いや、日本は、本当にもつのか？　俺《おれ》も、経団連の副会長だってしたことはあるし、流通科学大学で経営者も育ててるけどね。これで、本当にもつのか？

小林　まさに今おっしゃった日本経済、あるいは、世界経済の景気の見通し等に関しまして、創業者であられた中内さんの目からは、どのように見えるのか。あるいは、読めるのか。このあたりを、お聴かせいただければと思います。

中内㓛　いや、どう見たって、バタバタと企業が潰《つぶ》れていくように見えるんだよな。

なんで、こんなときに限って、消費税上げの法案を通すんだよ（二〇一二年八月に成立）。これは、君たちのところにしか言っていくところがないわけだ。まあ、共産党に出るわけにいかんし、ほかに言うところがなくて、君たちに言うしかないから、来ているんだけどさあ。

なんで、この動向が、読めないんだろう？

あの政治家たちには、「今、世界経済が、これから底に落ちていくかもしれない、その崖《がけ》っぷちに立っている」ということが、どうして分からないんだ？「何万人も雇用《こよう》している大企業が、潰れていくかもしれない寸前のところに来ている」のが、なんで分からないんだ？

「高付加価値企業《きぎょう》」ですら危険な現状

小林　やはり、中内会長の目には、これから、大企業《きぎょう》をはじめとして、数多くの起業が倒《たお》れていく姿が見えるわけですね。

中内切　いや、見えますよお。かつて、「一流企業に勤められた」と思って喜んでた人たちが、みんな無職になり、失業者になっていく姿が、見えて見えて、しかたないですよ。

今の民主党政権（収録当時）は、これに失業者手当を出して、一生懸命《いっしょうけんめい》、ばら撒《ま》くのかね。これは、大変なことになるよ。

小林　名前を出して申し訳ないですけれども、シャープ等のエレクトリック関係の……。

中内切　もう、シャープも事実上、潰れたようなもんでしょう？　四千億円ぐらいの赤字を出したよな？

小林　そうです。

中内切　すごい赤字だ。あれは、百年も続いた企業だよ。

小林　ええ。老舗《しにせ》でもあり、戦後、名を成した大手メーカーが、今、かなりのピンチを迎《むか》えています。

中内切　そうだよ。さっき、「高付加価値」と言ってたけど、あれ（シャープ）なんか、どちらかといえば、高付加価値のほうだよな？　そういう、性能のよさや、製品のよさを誇《ほこ》っているところでさえ潰れてきているんでしょう？

まあ、「安売りのところが潰れた」といっても、私の場合は、「以《もっ》て瞑《めい》すべし」だから、しかたないけどさ。ああいう高付加価値で、技術力を誇っているところでも潰れているし、ソニーが、もう危ないだろう？

「盛田《もりた》（昭夫《あきお》）さんと井深《いぶか》（大《まさる》）さんの二人がいたときだけが、本当の最盛期で、実は、出井《いでい》（伸之《のぶゆき》）さんからあと、ソニーは、二十年間の長期不況に陥《おちい》っておった」という告発本も、最近、出てるようだけども、ソニーも危ない状況に陥っているでしょう？

当然ながら、松下《まつした》……じゃないかもしらんけど、今は、パナソニックって言うの？　あそこも危ない。まあ、うちとも、ずいぶん競合したけど、あそこも危ない。というか、業界としての使命が、まだあるかどうかだろう。サムスンあたりにやられるかもしれない。

それから、「シャープが台湾《たいわん》の企業に吸収される」と言ってるんだろう？

小林　ええ。

3 「ユニクロ」の動きをどう見るか

「ユニクロは死地にいる」との指摘《してき》

中内切　今、ユニクロが、一生懸命《いっしょうけんめい》、中国に媚《こび》を売ってるけど、今度は、中国に呑《の》まれる。あんなところで一千店舗《てんぽ》も展開したら、全部、接収されて終わりだよ。全部、「国営」にされてしまったら、どうするつもりなのか、知らんけどね。

小林　先日、某《ぼう》テレビ番組の独占《どくせん》インタビューで、柳井《やない》社長が、相変わらず強気なことをおっしゃっていました。中国国内で、あれだけの反日デモや暴動があったにもかかわらず、「中国の本土に八十店舗を出す。台湾《たいわん》や香港《ホンコン》を含《ふく》めて、百二十店舗を追加したい」などと、ほかの企業《きぎょう》が中国から撤収《てっしゅう》にかかっているなかで、前進を続けるような発言をしています。こうしたユニクロのポリシー、あるいは方針に関して、どのようにお考えですか。

中内切　うちは、「流通革命」をやって、一兆円企業になったけど、ユニクロは、今、一兆円企業になろうとしている。

（手元の資料を見ながら）「三越《みつこし》を抜《ぬ》いて、トップに踊《おど》り出た」と書いてあるな。うちが一兆円企業になったのは、昭和五十五年か。それから、五兆円企業まで行った。

（ユニクロは）今、まさしく、同じことをやろうとしている。ただ、売上高が一兆円に届かんとして、これから五兆円を目指そうというときに、中国や韓国《かんこく》と紛争《ふんそう》が起き、さらに世界情勢がどうなるか。このへんは、商売人として、「政治が見えているかどうか」が大きいわな。

例えば、伊藤忠商事《いとうちゅう》の社長や会長をやった丹羽《にわ》（宇一郎《ういちろう》）さんを、中国大使として送ったら、まったく逆の動きを一生懸命にやっておっただろう？　政治の論理と経済の論理は、必ずしも一緒《いっしょ》には動かないんだよな。

あの人は、伊藤忠商事の商権が拡大するような動きを現地でやってはいるんだけど、日本のほうの空気が読めないでやっている。一生懸命に、中国のご機嫌《きげん》取りに入っているわけだけど、まさしく、向こうの思う壺《つぼ》ではあろうな。

商売でも、逃《に》げられないようになったら、蜘蛛《くも》の巣にかかった昆虫《こんちゅう》と同じ状態になるからね。その被害《ひがい》額が大きくなったら、もう倒産《とうさん》するしかない。

要するに、逃げれば倒産、逃げなければ捕虜《ほりょ》。倒産か捕虜だ。

私も捕虜に近いところまで行っているけど、これは、いわゆる「死地」だな。（ユニクロは）死ぬ者の地に、今いる感じがする。一般《いっぱん》的には、逃げられるのなら逃げるのが賢《かしこ》いとは思うな。

先行利益として、中国の人件費が安いときに、現地生産で大量につくって、儲《もう》けていたとは思うんだ。

政治と連動せざるをえない「長期経営戦略」

中内切　今は、中国人の所得が少しずつ中クラスに向かって上がってきているので、中国人のマーケットに、安いユニクロ型のものを売ろうとしているんだろう。「地産地消《ちさんちしょう》」ではないけども、要するに、地場でつくって地場で売ろうとしている。これが狙《ねら》いだろうけども、そのためには、政治がバックアップしていないと、実は駄目《だめ》なんだよな。
今の不安定な民主党政権（収録当時）が永遠に続くのならば、要するに、最初の鳩山《はとやま》や菅《かん》のような政権が永遠に続くのならば、その路線でもいいと思うんだが、

「長期経営戦略」は、「政権の読み」と連動する。政権が、方針や国策を変えたり、法律を変えたりしたときには、経営者として、生きるか死ぬかの問題になるんだ。ここを、「ただ、自分たちが、ナンバーワンになりたい」という考えだけでいくと、大変なことになるんでね。

売上高一兆円、五兆円は、私もやったことだから、彼もやりたいんだろうし、目立ちたいんだろうと思う。彼が、山口県の宇部《うべ》の洋品店あたりから始めて、世界に広げようとしている気持ちは分かるよ。あとからついていってる感じも分かる。でも、店舗を銀座に出し、ニューヨーク五番街《ごばんがい》に出して、そろそろ潰《つぶ》れるかどうかの危険信号がともり始めたころに、中国で危機が起き始めたんだろう?

これは、戦国時代のようなもので、〝国盗《くにと》り〟をやって大きくなっても、どこかで敗れるときがあるんだよな。ある程度までは大きくなって、国ができるんだけど、ほかのところとの競合に敗れることがあるんだ。

九割ぐらいあった中国の現地生産を、七割近くまで落としたんだろうけど、私の感じとしては、逃げ切れない比率ではあるな。まあ、「うまいこと儲けた」という意味では、もう、すでに儲けたわけだ。だから、儲けたのなら、やはり儲けた段階で逃げ切らないといけないものはあるわな。

もし、中国に帰化《きか》する気があるなら、別だ。「中国人として、中国人の幸福のために生きたい」という気があるのなら、つまり、日本から中国に亡命《ぼうめい》する気持ちがあるのなら、向こうから勲章《くんしょう》ぐらいは出る可能性があるからいいよ。

だけど、日本人として生きるつもりであるにもかかわらず、今のアメリカをも含んだ、この「国対国」の空気が読めないのは危険だよね。

これは、ユニクロだけでなく、伊藤忠商事ぐらいのレベルでさえ、下手したら潰れる可能性があると思うんですよ。元代表をしていたような人が大使として行って、ああいう正反対の感じになってくると、そうとう現地に入れ込《こ》んでいるはずだから、プラント関係など、いろいろなものが入っているのは、絶対に間違《まちが》いない。おそらく、これで逃げられないようになって、逃げ遅《おく》れる可能性が、かなりあるわな。あんなところでも、けっこう危険だと思うよ。

ユニクロは、「八対二の割合で潰《つぶ》れる」のか

小林　中内会長から、ユニクロの柳井さんにアドバイスをされるとすれば、「もっと、スピードを上げて……」。

中内切　私なら、今、株を全部、売って逃げます。

小林　逃げますか。

中内切　うん。彼は、日本ナンバーワンの高額所得者になっているんでしょう？今だったら、株を売って逃げるね。これは、「一文無《いちもん》し」になる可能性が、かなり高いと思う。それならまだしも、たくさんの債権者《さいけん》に、「金をよこせ！」と押《お》し寄せられる感じを受けるね。

だから、能力を超《こ》えたんだと思うよ。要するに、国際情勢まで見るだけの認識力がないんだ。宇部の一商店から、世界企業にまでしようとしている志は、いいんだけども、「世界紛争」にまで耐《た》えられるほどの企業はない。

いちばん情報に強いというか、逃げるべきかどうかは、商社がいちばん早く分かるんだけど、その商社が判断を間違っているぐらいの鈍《にぶ》さなんだから、国内の店を相手にしていたような鈍さなら、まるで分からないだろう。彼は、イギリスでも、一度、失敗して撤退してるよな？

今、英語を社内公用語にして、国際企業にしようと思ってるんだろうけども、実は、本人自身が〝国際音痴《おんち》〟なんだ。それなのに、夢だけ語っている。

私は、「八対二の割合で潰《つぶ》れる」と見るね。

小林　「八対二」ですか！　なかなか、厳しい確率ですね。

中内切　厳しいが、八割、潰れると見る。

やはり、一人の人間の能力には限界があるんだよ。また、自分を超える能力の人を、部下としては、そう簡単に使えないんだけど、この人の場合、よほど国際筋が見える人が参謀《さんぼう》で付かないかぎり、駄目だと思うね。

まあ、田舎《いなか》から商売を広げてきて、全国を制覇《せいは》して、世界に出たわけで、要するに、今は、名前を上げたくてしかたがないんだ。だから、銀座や五番街に出店したし、それから、「中国と日本との〝大友好関係〟をつくって、〝あれ〟もして……」というような夢を描いているんだ。
しかし、こういうときに、必ず、〝落とし穴〟が来るんだよな。

小林　ありがとうございます。

4　日本と世界の「経済見通し」

「三社に一社」しか生き残れない厳しい時代の到来を予想

小林　国内に目を転じますと、今、電機メーカーに、かなり象徴《しょうちょう》的なピンチが来ています。流通業界等、それ以外の業界を含《ふく》めてで結構なのですが、中内さんからご覧になって、これからの日本経済、あるいは、日本企業《きぎょう》の危機については、どのように感じておられますでしょうか。

中内切　いやあ、もう、「弱肉強食の時代」だと思いますね。全部が潰《つぶ》れるとは思いませんよ。やはり、生き残るところはあるだろう。ただ、「三社に一社しか残らない」ぐらいの感じになると思う。

私らのようなスーパーや小売業系もそうだけども、おそらくは、最先端《さいせんたん》のコンピュータを使っている流行《はや》りの会社も余ってくるよね。どう見ても、そんなに需要《じゅよう》を増やせるほど、人数も増えなければ、客の持ち時間も増えないので、買い替《か》えだけで食べていくのは無理だね。

だから、「iPad《アイパッド》を半分の大きさにして、買い替えさせて、売り上げる」というようなやり方で、いつまでも食べていけると思ったら間違《まちが》いだよね。

それは、お客様を騙《だま》している。たとえて言えば、「本当は、小型化できるのを知っていても、ある程度の間、利益を食《は》んでから、次の型を出して買わせる」ということでしょう？

だけど、同業者はたくさんあるので、この競争のなかでは、そう簡単には生き残れない。任天堂《にんてんどう》などは、つい最近まで、ものすごい高収益企業で、社員数を抑《おさ》えて、利益は一千億円以上も上げて、「こりゃこりゃ」という企業だったのに、あれが赤字を出してるんでしょう？　恐《おそ》ろしいですよ。

うちみたいな安売り店が赤字を出すのは分かるけど、ああいう高収益体質のところでさえ、赤字が出るんですからね。まさに、「三社に一社しか残れない時代になる」と見たほうがいいと思います。

だから、強いところは生き残る。要するに、高利益体質のところや、技術力の高いところ、安売りでも強いところは生き残ると思うけども、「三に一」ぐらいしか残れない時代に入るね。

「ブロック経済」が復活し、中国に「不況《ふきょう》の二十年」が来る？

小林　今、ｉＰａｄを例に出されていましたが、そうしますと、日本経済だけではなく、世界経済全体に目を転じた場合でも、かなり厳しい状況《じょうきょう》が見通せるのでしょうか。

中内切　やはり、いい材料が見当たらないですね。

世界の消費経済の牽引役《けんいん》だったアメリカにも、今のところ、そんなに巨大《きょだい》消費を起こす道が見えないだろう？　調子が悪いですねえ。

あれは、国家としても赤字であって、対外収支でも赤字だし、財政収支でも赤字だ。まあ、「財政収支の赤字は、日本よりも小さい」という見方もあるのかもしれないけども、日本には、まだ債権《さいけん》がかなり残っていますから、事情が違うとは思う。やはり、アメリカの購買《こうばい》力のところには「疑問符《ふ》」が付くね。

それから、次の、いちばん大きなターニングポイントは、石油の部分だと思う。これに関しては、一つは、イランを含めた戦争の可能性というか、戦争リスクも当然あるけれども、それがないにしても、「石油が輸入される時代が続くかどうか」というリスクが、もう一つある。

今、「シェールオイル」が注目されているよね。地下深くの岩盤《がんばん》（シェール〈頁岩《けつがん》〉層）から油を取り出せる技術が開発されたために、このシェールオイルが、「アメリカでは、たくさん出る」とか、「日本でも出るかもしれない」とか言われている。

また、深い海底の下などから取れる「メタンハイドレート」からもエネルギーを取り出す研究が進んでいる。

しかし、それによって、エネルギー資源の輸入のうち、もし、石油の輸入が減っていくようであれば、イスラム圏《けん》の経済が急激に悪化して、たぶん、次なる争いを生むだろうと思うんです。しかも、これと、ヨーロッパの経済的な落ち込《こ》みとが連動してくると推定します。

どちらかというと、私には、鎖国《さこく》体制化していくように見えるんですよ。柳井《やない》さんの言っていることとは逆に、どの国も、「ブロック経済」のように、自分の国の経済を守りに入るように見えるんです。

小林　それは、かなりヤバイですね（笑）。第二次世界大戦前のような感じに……。

中内切　そうなんです！　そうなんです！　大戦前に「ブロック経済」に入ったように、「経済によって他国に左右されないような『ブロック経済』をつくろう」という動きが見えるんですよ。だから、「危ないな」と思います。やはり、「利」だけを追っていたら危ない感じがするね。

日本は、十分に危ないとは思いますが、いい所は、もうないのでね。「中国一国だけがよかった」というところでしょうが、私には、これからの中国にすさまじいものが感じられる。経済の舵取《かじと》りで、大失敗するのではないでしょうか。今までが、「好調の二十年」でしょう? このあと、「不況の二十年」がやって来るね。

小林　「不況の二十年」ですか。

中内切　うん。来ると思う。

5 中小企業《きぎょう》が生き残るためのヒント

「民間の一・五倍もある公務員給与《きゅうよ》の削減《さくげん》」が民衆のニーズ

大田　今、非常に大きなお話から入りましたが、三分の一の企業《きぎょう》が潰《つぶ》れていくような非常に厳しい状況《じょうきょう》のなかで、これから、中小企業が生き残っていくためのコツは何でしょうか。また、今後、どのような未来が待ち受け、それに、どのような対応をしていくべきなのでしょうか。このあたりの方法について、ぜひ、見えるところをお教えいただければと思います。

中内切　やはり、「国家破産」が一つの脅《おど》しだろうね。「国家が破産するかもしれない」という脅しをかけられている。だから、「もう、補助金や救済はない」という崖《がけ》っぷちに追いやられることによって、「二宮尊徳《にのみやそんとく》の精神」に戻《もど》らなければいけなくなるわけやね。

「何をしてでも食べていく」という、たくましい企業家精神がないとやれないね。

「大企業に勤められて、安泰《あんたい》に一生を送れて、収入は安定して、ローンで家も買えて、きれいな嫁《よめ》さんをもらえて……」みたいな、そんな時代が遠ざかる感じかな。

「どこもかしこも、リストラの山だし、公務員なら安心だ」と思ってる人もいるかもしれないけど、次の庶民《しょみん》のニーズとしては、「(国家)公務員の賃金は、民間の一・五倍もあって高すぎる」ということに対し、大鉈《おおなた》を振《ふ》るう人を求めている。

だから、あなたがたから見て、「なんで、あんな人に人気が……」というようなところに人気が出ているようだけども、あれは、公務員の賃金を本当に削《けず》りそうだから、そちらのほうに民衆の期待が集まってるわけですよ。

やっぱり、民間の一・五倍もあるのを削るのが早いですよ。財政赤字を減らそうと思えば、これを削るのがいちばん早いのでね。

大阪《おおさか》には、実際にやってのけた人（橋下徹《はしもととおる》氏）がいるので、「それを全国版でやってもらえんか」っていう期待が出てきているのは当然だと思いますよ。だから、今、「まず、そういうところから手を付けてほしい」っていうのが民間のニーズだろうと思う。

戦後のようなハングリー精神が試《ため》される時代

中内切　民間自体は、政府からの補助金では、おそらく、もう食っていけなくなるので、いろいろなところが潰れるのは当然だ。三つに一つしか生き残れない。大きいところでもそうだろうし、小さいところは、もう……。

要するに、もう一回、石焼き芋《いも》を売るなり、水飴《みずあめ》を売るなり、アイスクリームを売るなり、たこ焼き屋をやるなり、何をしてでも食べさせてくれるお父ちゃんでなければ家族を養えない。「戦後の焼け跡《あと》」から家族を養った、あの時代みたいなハングリー精神が、もう一回、試《ため》される時代が来る可能性がないとは言えない。

運がよければ、そうならないけど、下手をすれば、そうなる。

大田　これから、「非常に厳しい時代」が待っているわけですね。

中内切　厳しい！　とっても厳しい！　今の、この厳しさから逃《のが》れられるところはあまりない。
だから、今、経済的には非常に低調であるし、中国からシフトする企業などが、別の後進国に工場を出すことで、一時的に生活がよくなるようなところもあるとは思うけれども、先進国のほうは、どこもかなり厳しいと思いますね。

大企業病《きぎょうびょう》化した会社を待ち受ける「リストラの嵐《あらし》」

大田　そういったなかで、この霊言《れいげん》をお聴《き》きの中小企業《きぎょう》のみなさまが中内先生にお伺《うかが》いしたいことは、おそらく、「商売繁盛《はんじょう》のコツ」と言いますか、「たくましく生きていく方法」ではないかと思います。ぜひとも、何かヒントやアドバイス等を頂きたいのですが。

中内切　「(企業が)三分の一になる」ということは、「客の取り合いになる」ということですよ。まあ、はっきり言えばね。「『どこの店で買うか』というところを客に選ばさなければいけない」っていうことでしょう？　自分の店よりもいい店ができたら、負けるわけですよ。客は、そっちに必ず流れ出る。今までのお得意さんが残ってくれるかどうか、分からない。つまり、「生き残るところのほうへ、みんな、集まっていき始める」ということですね。

そういうところは、「安売りができるか」「品《しな》がいいか」「サービスがいいか」など、何かの特徴《とくちょう》を持っていると思いますが、要するに、メーカーであろうと、小売りであろうと、役所だろうと、すでに「大企業病」化しているところでは、全部、「リストラの嵐《あらし》」が始まると見ていいでしょう。

だから、私が言うのは恥《は》ずかしいが、「今は、そうとう堅実《けんじつ》にやらないと危険だ」と思いますね。

大国化する中国に世界を指導するだけの〝経営理念〟はない

小林　そうしますと、イメージとしては、むしろ、「総入れ替《か》え」に近い感じでしょうか。

中内切　まあ、そういう意味では、昔にもあったが、もう一回、「乱気流時代」が来るんじゃないかな。ドラッカー先生の本に、『乱気流時代の経営』だか何だかがあったけど、ああいう、先がちょっと読めない乱気流の時代が始まるんじゃないですか。「世界を設計できる人がいない」という感じで、バラバラに動き始めるんじゃないかね。

あんたがたは、「中国が帝国《ていこく》主義を目指している」と言ってるところやけど、（中国は）経済については後進国なので、実は分かっていないんですよ。日本から、手取り足取り教わらなければいけない。

要するに、彼らは、経済に関しては本当に利己主義者なので、「自分たちだけ利益になれば、あとは、客がどうなろうが知ったことではない」というレベルですよ。そういう意味では、彼らは、まだ、先進国の経済を経験していないんです。だから、偽物《にせもの》をつかませても、傷物をつかませても、例えば、安売りのセーターを売りつけた結果、ボロボロに毛糸がほぐれて客が損をしようとも、「あんなものは知らん！」と言い逃れる。そういう「言い逃れの技術だけがものすごく発達している国だ」とイメージしていれば、だいたい当たっているわけです。

まあ、「世界を指導するだけの〝経営理念〟は持っていない」と思われますね。

新旧企業《ききぎょう》の「代替《だいが》わり」が加速する

小林　世界のブロック経済化が進み、全体的に縮小していくなかで、国内もそのような感じになっていきますと、これは、かなり厳しいシナリオになります。
今、伺ったお話については、ある意味で、「非常に悲観的な未来を、ある程度、現実に想定しておかなければいけない」というように理解したのですが、今後、そのことに関しては、どのような手を打っていけばよいのでしょうか。ミクロ面でもマクロ面でも結構ですが、政府や企業家《きぎょうか》に対し、何か一つでも二つでもご意見を頂ければと思います。

中内切　まあ、ある意味、「代替《だいが》わりの時代」ではあるわけよ。
シャープさんみたいな「百年企業」、百年も優秀《ゆうしゅう》企業をやっていたようなところが消えていき、それを追い越《こ》した新しい企業による「ニュービジネスの時代」に入っている。そして、そういう、よその庇《ひさし》を借りて始めたようなところも、十年もたたないうちに覇権《はけん》争いをして、早くも潰し合いに入るわけだ。

フェイスブックだろうが、グーグルだろうが、ヤフーだろうが、どこが潰れたって、もう、文句《もんく》は言えない時代ですよ。「十年後に、どこが残っているか」なんて分からない時代に入りますね。

まあ、とにかく、目印として、まず一つには、「大企業病が進行している会社は、潰れていく可能性が高い」ということは言えるね。

それから、もう一つは、非常に言いにくいのだけれども、やっぱり、鳩山由紀夫《はとやまゆきお》さん型の友愛政治みたいに、「『なあなあ』で、みんな、うまいこと繁栄するように考えている企業から潰れていく」ということは言っておいていいと思うね。

企業《きぎょう》サイドの「適正利潤《りじゅん》」追求だけでは経営は成り立たない

中内切　それから、さっき、幸之助《こうのすけ》さんの話もなされておったようだけれども、そんなねえ、自社で価格設定をして、最初から「適正利潤《りじゅん》」を頂くような経営は成り立たないと思います。そうは言ったって、客から、「三社に一社しか買いません」みたいな感じで選別をかけられたら、もうそんなことは言っていられないですよ。皮を剝《は》ぎ、肉を裂《さ》き、血を出してやらないといかんですからね。

その意味で、やっぱり、「『消費者主権』が強くなる」と見なければいけない。だから、安売りだけでは生きていけない。安売りで、かつ、物がよくなければいけない。さらに、珍《めずら》しいものも提供できなくてはならない。とにかく、「欲張りな消費者」にお仕えしなければならなくなる感じかな。うーん。

天上界《てんじょうかい》の松下幸之助《まつしたこうのすけ》は「神様の資格」をかけて必死の戦い

小林　今、松下幸之助《まつしたこうのすけ》さんのお名前が出ましたので、あえて、ご質問させていただきます。

経営学の世界では、神学論争的に、幸之助さん的な、ある意味で、「生産者から見た考え方」と、ダイエーの中内会長に象徴される、「物価二分の一革命」のような「消費者主権的な考え方」という二つの哲学《てつがく》のぶつかり合いがあり、結論が出たような、出ていないような感じになっています。

それをどう総括《そうかつ》したらいいのかについては、特にコメントをされていない方が多いのですが、あの部分に関しましては、現時点の目でご覧になっても、「必ずしも間違《まちが》ってはいなかった」というご見解でしょうか。

中内切　幸之助さんのほうは、PHPとパナソニックが分かれていって、〝大陸移動〟をして分離《ぶんり》するんじゃないの？

PHPは、「幸之助主義」を一生懸命《いっしょうけんめい》に言って、それで生き延びる。しかし、パナソニックは、たぶん、全然違う方向へ行かれるのではないでしょうか。「アメリカ型経営」をしておられるんでしょう？　「（創業者の）自慢《じまん》話で固められると、あとが困る」というところでしょう。「人員整理もしているし、困る」ということがあってね。

だから、実際、（幸之助さんは）霊言で、野田《のだ》さんにも厳しいことを言うてるようだけれども（『沈《しず》みゆく日本をどう救うか』〔幸福実現党刊〕、『松下幸之助の未来経済リーディング』〔幸福の科学出版刊〕参照）、「幸之助さんに教わったとおりやったのでは、国が潰れてしまう」ということで、初代の政経塾生《じゅくせい》は、考え方を聞いてくれないんでしょう？

幸之助さんは、今、「神様の資格が取られるかどうか」がかかっていて、必死の戦いをしておられる。あっちも、天上界《てんじょうかい》で必死の戦いをしておられるんだ。

「消費者主権」による企業《きぎょう》間競争でサービス向上

中内切　私のほうは、「消費者主権」「消費者が王様」で、「（企業《きぎょう》は）選択《せんたく》される立場にある」ということを言っていたわけだけれども、「消費者に選択される」ということは、別に、「ダイエーが生き残れる」ということを意味しているわけではない。必ずしもない。

それは、「消費者に支持されなければ生き残れない」ことを意味している。ある程度、競争の激化を予見しているわけだ。これは、アメリカではもう起きていることだよな？　競争に敗れるところが次々と出てきている。

ところが、自由主義市場経済というのは、潰れれば潰れるほど、買い手・需要《じゅよう》者・消費者にとっては有利なんですよ。要するに、潰れれば潰れるほど、いいところしか残らない。本当にいいものを出して、安くて、良心的で、サービスもいいようなところが残って、あぐらをかいているようなところは、みんな潰れていく。

ところが、店が一店しかなかったら、威張《いば》って威張って大変だよね。「これは売るぞ、これは売らないぞ」みたいなことだってできる。売り惜《お》しみして、値段をつり上げることもできるわけですからね。（自由主義市場では）そういうことがなくなっていくわけだ。

そのなかでは、〝回転数〟が速くて、いろいろなものが次々と潰れていくかもしれないけれども、まあ、トータルの目で見れば、消費者にとっては、いいほうにいくだろう。

今後は「富裕《ふゆう》層・中間層・低所得層」に分かれた商売となる

中内切　おそらく、社会階層の分離に合った構成になるとは思う。

日本に富裕《ふゆう》階層が残れるかどうかは分からないけれども、その階層が残れるのならば、それに合った高付加価値商売も、絞《しぼ》り込《こ》まれて生き残るだろう。

中流のところが残れるなら、中流に合わせた商売のなかでの淘汰《とうた》で、生き残るものはある。

さらに、その下の「百円ショップ」系統が相手にしている人、「ネットカフェ難民」みたいな、要するに、定まった家を持たないようなレベルの人が生きていくのに合わせた商売も、淘汰の結果、生き残るものとそうでないものが出る。

この三層、それぞれの生き方が出てくるだろうと思う。

国際系企業の場合には、本当に、リスクをそうとう背負うと思う。判断のよし悪《あ》しによっては、すなわち、「攻《せ》めるタイミング」や「引くタイミング」、あるいは、「転戦するタイミング」などを読み間違えたら、第二次大戦のようになるかもしれない感じはするね。

6　企業《きぎょう》間の戦いは〝国盗《くにと》り物語〟

「生き残り」をかけた競争で急成長した戦後の企業《きぎょう》

大田　「どう出るか、どう引くか」ということは、非常に難しい判断かと思います。

中内先生は、最盛期にグループ連結での売上高五兆円、従業員十万人までいったダイエーを一代で築かれたわけですが、今、天上界《てんじょうかい》にお還《かえ》りになってからは、当時のダイエーの経営について、どのようにご覧になっているのでしょうか。それについて、成功・失敗の両面からお教えいただければと思います。

中内切　戦後、急成長会社はたくさんありましたからね。一種、「戦国時代の『国盗《くにと》り物語』みたいなものだったのかな」と、私は思いますよ。

大田　そういう使命がおありだったと？

中内切　うーん。一国ができるところまでは、みんな成功していくけれども、強い相手が出てきたら、当然、ぶつからなきゃいけない。最後は、〝国盗り〟で、生き残りゲームが始まるから、「負けるまでは勝ち続ける」というのが本当のところだろう。

まあ、ダイエーは、姿を変えて残っているだけでも、まだいいほうだと思いますね。

松下《まつした》電器が「パナソニック」になり、次に、そのパナソニックが韓国《かんこく》の会社になったりしたら、「経営の神様」は泣くだろうね。これで、もう、ＰＨＰだって幕を閉じる可能性がないわけではないよ。「サムスン付属○○電化商会」とかになったりしたら（笑）、そりゃあ、神様もやれないからな。いや、人の不幸を喜んじゃいけないよなあ。

まあ、私だって、「流通科学大学」という大学までつくって人材を養成しておいて、自分のところが何度も経営危機に陥《おちい》って、恥《は》ずかしいかぎりではあるけどね。

流通・交通革命と連動した「スーパーの進出」で地方も便利に

中内切　ただ、私には功績もある。

昔、田舎《いなか》のほうは、それは、かわいそうだったよな。本当に、「県庁所在地まで出なければ、いいものは買えない」というような時代もあった。やっぱり、スーパーができるのと、流通革命や交通革命が起きるのとは、全部つながっていたのでね。その土地の道路と輸送体制の整備、それから、地方工場での生産の整備といったものも、全部つながっていた。

だから、われわれのやった仕事は、すべてが地獄《じごく》的なものだとは思っていない。

〝小型船〟コンビニの躍進《やくしん》で百貨店・スーパーがまさかの敗北

中内切　今は、コンビニなどが最盛期を迎《むか》えている。コンビニみたいなものは、ダイエー的なるものよりもさらに小さい〝小型船〟だよ。

ダイエーぐらいでも、まだ大きいんだよね。ダイエーは、どのくらいだろう？　あれでも、やっぱり、〝巡洋艦《じゅんようかん》〟ぐらいの大きさはあったかねえ。

コンビニなんか、三十坪《つぼ》ぐらいだよね？　これは、駆逐艦《くちく》までの大きさがあるかなあ。〝水雷艇《すいらいてい》〟か〝駆逐艦〟か、微妙《びみょう》なところだけど、そういう〝小型船〟

をたくさん出していくかたちだね。

そのように、「小さな〝点〟を、一万個打っていくほうが勝つ」という世界になっていった。

以前なら、まさか、「百貨店がコンビニに敗れる」とは思わなかったわけだね。「イトーヨーカドーがセブン－イレブンに負ける」なんていうのは、ありえないことだった。これは、「巨大戦艦や空母が、航空機や潜水艦《せんすい》、駆逐艦などの攻撃《こうげき》でやられるなど、信じられない」というのと似たような感じだけどね。

「ランチェスター戦略」でライバル店を潰《つぶ》すコンビニ間の戦い

中内切　そのコンビニも、現実には、「いろいろな所に小さな〝点〟を打っていき、その〝点〟を連結させる作戦を立て、トータルで勝つ」という難しい動きをしているよね。いろいろな所に店を出したり退《ひ》いたりと、難しい動きをしている。

どこも、「危ない」と見たら、出したり退いたりしている。

あるいは、（他のコンビニを）潰《つぶ》そうと、「ランチェスター法則」を使ってやっているでしょう？　つまり、「ここにある店を潰す」と決めたら、（相手の店の周辺を自系列店で）三方から囲み、潰すための攻撃をするなど、そうとう熾烈《しれつ》な戦いをしているよね。

そのように、「商圏《しょうけん》を奪《うば》ってしまう」ということをやっているので、必ずしも天国的ではないかもしれませんが、裏にあるのは激しい戦いですね。例えば、関西で流行《はや》っているところなどは、「関東まで攻《せ》め上《のぼ》れるかどうか」という厳しい戦いをしています。

とりあえず、今は、小回りの利《き》くものが生き延びやすくなっているわけです。

老舗《しにせ》は安易な「攻《せ》め」よりも「守り」を固めよ

中内切　あるいは、経営規模を大きくせずに、「老舗《しにせ》の味」みたいなものを守って小さくやっているところなどのなかには、サービスを落とさなければ、まだ生き延びているものもある。ただ、そういうところでも、チェーン店を出し始めたら潰れる場合もあるね。

やはり、「のれん分け」というのは、〝遺伝子研究〟をそうとうしないと、現代では、それほど簡単ではない。今の「コンビニ型」のものは、そうとうな企業戦略を練り込《こ》んでやっているので、いわゆる老舗が、のれん分けをするような感じで、安易に、「二号店、三号店を出すことができる」と思ったら、やはり甘《あま》いな。

だから、「攻《せ》めていいところもあれば、守りをしなければならないところもある」ということが言えるかもしれないね。

「経団連の名誉職《めいよ》」のつもりで今も霊界《れいかい》から各企業《きぎょう》を指導

小林　今、お話を伺《うかが》っていますと、手触《てざわ》り感がとても新鮮《しんせん》で、フレッシュな感じがいたします。

中内切　うーん。〝死にたて〟やからね。

小林　ええ。

中内切　〝死にたて〟というほどでもないかもしれないけど、まあ、まだ、そんなには、たってないよ。

小林　「実際に、地上のどなたかをご指導されているのではないか」という感じがするのですが……。

中内切　まあ、それは見てるよ。だから、「忙《いそが》しい」と言うとるんや（会場笑）。それは忙しいよね。

小林　具体的な名前を出すのは差し障《さわ》りがあるかもしれませんが、どのような系統に対して指導されているのでしょうか。

中内切　いや、今、いろいろなところを見とるよ。わしも、〝経団連〟をやっとるぐらいのつもりで、いまだにやっとるのよ。

小林　ああ、そうですか。そうすると、業種をまたがって、いろいろなところへ……。

中内切　うーん。いろいろなところへ行って、見とるよ。まあ、「指導霊《れい》」と言えるのかどうかは知らないけどさ。それほどではないかもしらんけど、いちおう、まだ、名誉《めいよ》職の延長でやっているつもりではいるよ。

〝江戸《えど》の越後屋《えちごや》〟が現代の経営を霊《れい》指導するのは難しい

中内切　まあ、そりゃ、神様もいるんだけど、現代の経営というのは難しいからさ、やっぱり、最近（地上で経営者を）やった人の（霊《れい》指導の）ほうが貴重なんだな。

そんな、君ね、最近やった人の意見を聞かんで、〝江戸《えど》時代の越後屋《えちごや》さん〟に指導してもらっても、それは無理ですよ。「定額商売がいちばんです。一円も割り引かず、値札どおりに商売するのが成功の秘訣《ひけつ》です」などというのは、もう、江戸時代の話だ。そういう人たちは、まず、「ディスカウント」を理解できないだろうからね。

やはり、最近の人でないと理解できないものがあるので、われわれの使い出もあるわけだ。

松下幸之助《まつしたこうのすけ》の経営哲学《てつがく》より新しい「消費者主導型」経営を導入

中内切　幸之助《こうのすけ》さんだって「神様」をやっていたけれど、まあ、はっきり言って、二〇〇〇年代から、顔色がちょっと青ざめてきている。「危ない！」っていう感じは来ているね。この低成長期が、ちょっと長すぎるんだよ。

小林　そうしますと、天上界の「経営の神様」の世界では、中内さんと幸之助さんとが対峙《たいじ》している感じなのでしょうか。

中内切　私は、いちおう、アメリカの「消費者主導型」の経営を入れたつもりだけど、彼は、戦前の「経営の発明家」だからね。だから、時代的には、私のほうが、やや、未来社会を先取りしたつもりではいるんですけどね。

彼の考え方は、結局、「競争はしないで、『なあなあ』でやっていこう」ということでしょう？　まあ、そういうことなんじゃない？

だから、「『食うか食われるか』というような競争は、猛獣《もうじゅう》の世界にはあってもいいのですが、やはり、人間の世界は、それではいけません。だから、みなさんで適当な談合《だんごう》をしながら、適当な値付けをして、適当な利益を抜《ぬ》いて、みんなで食べていけるようにしましょう」という生産者サイドの考え方だね。

それは、「会社が潰れないようにしていきましょう」ということだろうけど、アメリカ型は、「いや、悪いところから潰れていってもらったほうがいいんです。それが消費者のためになるんです。消費者のほうが〝神様〟なんです」という考えでしょう？

だから、哲学《てつがく》的には、私らのほうが「新しい哲学」なんだと思う。ただ、やっぱり、弱肉強食に見えるところはあるから、それが、「天使の世界」的な目で、あなたがたから見て、美しいかどうかは分からない。

小林　いえいえ、「美的感覚」という意味ではなく……。

中内切　宗教だって、ちゃんと、そうなっているじゃない？

小林　いえいえ。
　平気で何万人もクビ切りできるジャック・ウェルチは〝鬼《おに》〟

小林　どちらかといいますと、例えば、「感覚的には、ジャック・ウェルチあたりと非常に合う」という感じでしょうか。

中内切　いや、ちょっと違《ちが》うかな。

小林　違いますか。

中内切　さすがに、ジャック・ウェルチは……。私は、あんな〝鬼《おに》〟じゃないよ（会場笑）。

小林　鬼ですか。

中内切　あれは鬼だろうが。あれとは、ちょっと違うんだがな。さすがに、あんな何万人も平気でクビ切りをやるような人間とは違う。あれは、人間ではないよ、あれはな。あれは怖《こわ》いよ。あれは、ちょっと怖いわ。

知能犯的儲《もう》け方のビル・ゲイツを〝詐欺師《さぎし》〟と語る中内霊

小林　「マーケットをザーッと取っていく」という意味では、ビル・ゲイツあたりはどうですか。

中内切　ビル・ゲイツは、「ちょっと次元が違う感じがする」というかねえ。ああいうやつは、ちょっと許せんな。

小林　許せない？　どのあたりが許せないのですか。

中内切　「許せん」というかねえ、あれは、まあ、本当は頭がいいと思うんだけどな。ハーバードに入ったんだろう？　頭はいいんだろうけど、〝詐欺師《さぎし》〟の傾《けい》向《こう》がある。だから、知能犯だよな。高度な知能犯で、頭がよすぎるために、一般《いっぱん》民衆には分からないうちに、儲《もう》けられてしまっている感じがするよね。

「柳井正《やないただし》と孫正義《そんまさよし》に、いつ引導を渡《わた》そうか」と考えている

小林　そうしますと、ご自身は別としまして、中内会長がご覧になって、評価できる経営者はいますか。例えば、「こいつはいいな」というような方は……。

中内切　見ていると、今は、潰れそうなところばっかりだよ。
ファーストリテイリングの柳井《やない》さんのところも、「いつ、引導を渡《わた》そうか」って見ているよ。

小林　ええ。

中内切　あとは孫正義《そんまさよし》か。あれだって、よそを買収して、何だか大きくなって、「とにかく一番を目指したい」という感じでやっているが、あれも、もうすぐ引導を渡さなければいけない。もう破裂《はれつ》寸前だと思うな。
ほかにも、まあ、そういうところはたくさんあるのでね。

霊界《れいかい》では「企業《きぎょう》の採点役」として神様から相談を受ける役目

中内切　私は、〝閻魔《えんま》様〟かしらね（会場笑）。だから、上場《じょうじょう》企業《きぎょう》のリストを見せられて、「潰す順番を決めてください」という感じで頼《たの》まれるんだよ。

小林　ああ、それでは、引導を渡すのが使命なのでしょうか。

中内切　いや、そう言われると、ちょっと、印象が悪すぎるな。まあ、何と言うか、現役《げんえき》にやや近い感覚を持っているので、神様から相談があって、「ここが潰れそうだが、保護をしたほうがいいか、潰しても構わないか」というような最終確認を受けるんだよ。

小林　そうですか。なるほど。

中内切　ここは、「生かさなければいけない」という企業なのか、それとも、「時代の流れから見れば、潰れるのもやむなし」の企業なのか。

やっぱり、大勢の人が泣くし、一家離散《りさん》したり死んだりする人もいっぱい出るからね。いちおう、「いいかどうか」という相談を受けるのよ。

そのときに、「◎・○・△・×」を付ける仕事があるわけだ。

だから、私は、今、霊界《れいかい》からいろいろな企業を回って採点をしている状況《じょうきょう》だな。

小林　そうですか。

中内切　幸福の科学のことは聞きたくないの？（笑）

小林　ええ。それでは、のちほど、財務局長（大田）のほうから質問させていただきます。

中内切　ああ、そうか、そうか。

7 「厳しい時代」を生き抜《ぬ》くアドバイス

「後継者《こうけいしゃ》の養成に失敗した」と振《ふ》り返る中内霊

小林　今、現実に、デフレや不況《ふきょう》の時代になっています。もちろん、高付加価値路線でいける企業《きぎょう》もあるのですが、どちらかといえば、値段で勝負しているディスカウント路線の会社が多いかと思います。そうした厳しい価格競争のなかで勝ち抜《ぬ》き、生き残るために、中内さんからアドバイスを頂けるとしたら、どのようなものになりますでしょうか。

中内切　うーん。まあ、わしは四、五十年やったから、一人の人間でイノベーションを繰《く》り返すのは、なかなか大変なことであった。やはり、年を取ってからは、ちょっとだけ時代についていけなくなったかな。

小林　そうしますと、後継者《こうけいしゃ》の養成や準備については……。

中内切　いや、失敗したよな。分散体制にして息子《むすこ》たちに分け、経営規模をちょっと小さくすればできるかと思ったけどな。これは、やはり難しいものなんだよ。だから、長男（中内潤《じゅん》氏）に新しいディスカウントストアをやらせて失敗したあたりからつまずきが始まったよね。

不況《ふきょう》時代を生き残るには失敗を「教訓レベル」に抑《おさ》えよ

中内切　まあ、（従業員数が）万の単位までくると公的なものになるので、やはり、人の目が許さなくなるんだよ。

要するに、従業員が一万人いたら、もう許さないね。もうほとんど、一つの市みたいなものだからな。万の単位でいたら、もうなかなか許さない。だから、会社を潰《つぶ》す可能性があるものについては、虫歯を削《けず》るように排除《はいじょ》するような感じが出てくる。

「勝ち続ける」というのは、そんなに簡単なことではないね。失敗するにしても、次の教訓につながるレベルの失敗で抑《おさ》えておくことが知恵《ちえ》かね。このへんの感じが大事だねえ。

ユニクロの「ブランド分け戦略」は成功しているか

大田　やはり、安売りのところには非常に難しい観点があると思うんですね。

中内切　いやあ、難しいよ。うーん。

大田　先ほどおっしゃった「消費者のニーズ」も非常に多様化していますので、「安売り」と「高付加価値路線」の両方があると思います。ただ、はたして、これが一つの店舗《てんぽ》で成り立つものなのでしょうか。

中内切　いや、それで、ブランドを分けたりしているところもあると思うんだけど、それはそれなりに難しいんだよね。そんなに簡単ではないよな。

だから、ファーストリテイリングで言えば、「UNIQLO《ユニクロ》」と「g.u.《ジーユー》(現GU)」の二つにブランドを分けたけど、この戦略が正しいかどうか、やはり、「疑問の余地なし」としないところがある。多少、高付加価値のものも売りたかったんだろうし、それとは違《ちが》うファッショナブルなものも攻《せ》めたかったんだろう。それに、安売りだけではないものをつくって、社会的地位を少しずつ上げていきたい気持ちもあったんだろうとは思う。

このブランド割りというのは、わりあい難しいんだよ。ただ、宝飾《ほうしょく》業界でも、ブランドの名前を変えて、違う種類のものを出したりしているところはあるので、それがうまく確立すればいける場合もあるだろう。

都市圏《けん》への進出で「カルチャー替《が》え」に苦しむユニクロ

中内切　うーん、やはり、なかなか難しいよな。

本当は、ユニクロみたいな店は、最初、地方から小さく始めているので、安くないといけなかったのが、都市圏《けん》に攻めてくると、何もかもが高いからね。レンタル代でも地代でも、何でも高いので、高付加価値のものも売りたくなってくるのが普通《ふつう》だよ。ただ、こうすると、やはりカルチャー替《が》えが起きてくる。これは、苦しいところだね。

安いままで、そのカルチャーを維持《いじ》するためには、「原価をグーッと下げる」という作戦が必要になる。

それで、「中国のようなところで、全部、現地生産にして、日本と同じレベルまでつくり上げるように経営指導をし、（日本の）十分の一の人件費でつくれれば、高いコストになっても、まだ利益が出る」ということで、もっていたんだ。

しかし、これから、中国は人件費がグーッと上がってくるし、ほかの国に出たら出たで、別のカントリーリスクはあるわな。今度は、「その国と中国とが戦争をする」というようなことだってあるわけだ。

だから、それは難しいだろうね。

「ジャングルの掟《おきて》」のような市場原理を勝ち抜《ぬ》く経営者たれ

中内切　経営者というものは、絶えざる「戦《いくさ》の連続」でもあるけれども、「勉強の連続」でもあるわけよ。常に、三百六十度、視野を持って、〝敵機来襲《らいしゅう》〟をずーっと見ながら、勉強を続けなければいけない業種でもあるんだ。油断も駄目《だめ》だし、敵が甘《あま》い隙《すき》を見せたときに、そこに追撃《ついげき》をかけなかったやつも、次にはやられるんだよな。それを見逃《みのが》したら、そこに追撃をかけたところが大きくなって、次は、それに食われる。

実に情けないというか、まあ、申し訳ない。あなたがたが見ると、「ジャングルの掟《おきて》」のようになってきて申し訳ないんだけど、市場原理には、そういうところがあるんでね。

それに対するのに、今、共産主義国などでは、政府が公定価格で全部決めるようなところもあるけど、生産量や価格が適正ではないもので、みんなが苦しむのも、それはまた、それなりに問題があるからね。

そのように、「経営者は〝地獄《じごく》〟を見ることがある」ということの見返りとして、経営者の給料が高いのは事実だ。経営者の給料が高いのは、ある程度、それがあるのではないかな。

8 「楽天《らくてん》」「ユニクロ」への忠告

企業《きぎょう》の成長度を超《こ》えた「野心」を持つ楽天《らくてん》の危《あや》うさ

大田　また別の観点としては、かつてはなかったビジネス形態としまして、今、「バーチャル（仮想）店舗《てんぽ》」というものがあります。例えば、日本で言いますと、楽天《らくてん》の三木谷《みきたに》さんが……。

中内切　ああ、あれも危ないよ。

大田　危ないですか。

中内切　もう危ない。もう危ない。もう危ないわ。

大田　ああ、そうですか。

中内切　危ないと思う。いい格好をしている。とってもいい格好をしていて、そろそろ危ない。だいたい、あの規模で球団（経営）なんかに手を出すというのは、もう、見栄《みえ》の塊《かたまり》だよ。

あそこは、まだ従業員が三千人ぐらいしかいないんじゃないか（グループ全体では九千数百人）。そうだろう？　そのくらいの規模で球団に手を出すなんてねえ。

ダイエーは、人数が何万いたと思ってるのよ？　あんな大企業《きぎょう》になったかどうかも危《あや》ういぐらいの企業で「球団を買う」などというのは、ちょっとマネーゲーム的に、「宣伝になる」と思ってやっているんだろうけど、あの系統のものは、本物のように見えても、偽物《にせもの》が多いから気をつけなきゃいけない。

最初は、上手に見せるので、本物のように見えるよな。興銀《こうぎん》を出て、ハーバードに行って、「堅《かた》い商売もやりました」みたいに見せて、〝年寄り殺し〟をやりながら、だんだん本性《ほんしょう》を出してきつつあるように見える。

今、経団連を出て、〝ＩＴ経団連〟でもやろうとし始めているんだろう？　これは、そろそろ危ないぞ。

わしには、「野心の成長度」が「企業の成長度」を超《こ》えているように見えるな。しかし、「万の単位の企業をつくってから言いなされ」と言いたいな。経営能力が、まだそこまで行ってないかなという感じがする。あの業界は、非常に不安定な業界ですよ。実体がないからね。

「十年後の楽天《らくてん》」があるかどうかは五分五分《ごぶごぶ》の確率

中内切 あなたは、いわゆる「バーチャル」と言ったけど……。

大田 ええ。実体がありません。

中内切 実体がないんだよ。実体がないので、何か一つ、そういう重大な事故や事件、象徴《しょうちょう》的な問題が起きたときに一気に崩《くず》れる可能性があるし、同じような形態で競合するものに天才肌《はだ》のやつが出てきたときには、やられるおそれがあるものなんだよね。

三木谷さん自身、本当は、機械類に、そんなに強くないはずなんですよ。彼自身は、機械類にそんなに強くないので、そちらのほうは委託《いたく》しているはずだ。だから、あの業態に対しては、メカのほうの天才、要するに、コンピュータ系の天才がマーケティングをマスターしたら、破ることができる。そんなに安定しているわけではないので、「（楽天《らくてん》が）十年後にあるかないか」と訊《き》かれたら、まあ、「五分五分《ごぶごぶ》」という答えですね。

「経済成長しすぎた中国」からの〝転戦〟に出遅《でおく》れたユニクロ

大田　そうしますと、例えば小売業でも結構ですが、これからの時代は、どういうものが生き筋となりますでしょうか。

中内切　個別のやつだね。要するに、昔帰りして、個別的な個人業風の仕事に戻《もど》り、本当に、職人的に質を追求したやつは生き残ると思います。

あと、企業の場合には、ある程度までは大きくなるんだけど、やはり、それぞれの器《うつわ》があって、能力的に限界が来るので、そのへんの見極《みきわ》めが大事です。

時流が変わったときに、ウワーッと乗っていくときがある。例えば、先ほど言ったように、「レベルの低いところまでを、人件費の安い中国でつくらせ、日本で完成品をつくる」みたいなことをやっていた時代に、日本でつくるのと同じレベルまで、中国人に丁寧《ていねい》に教え込《こ》み、完成品をつくらせた。それを日本に持ってきたら、「ものすごく安い」というようなことがあったかとは思う。これが時流に乗っていく場合もあるんだけども、限界は必ず出てくるし、その周期がすごく短くなってきつつあるわね。

だから、ファーストリテイリングにしても、もし、例えば、十年前に、「中国経済が八倍ぐらいまで膨《ふく》らみ、日本経済を抜《ぬ》くようになる」というところまで読んでいたとしたら、やはり、戦略として、ほかのところに早めに〝転戦〟していく戦略を立てなければいけなかったのだけれど、私には、ちょっとだけ遅《おく》れたように感じられますね。さあ、どうなるか。

中国での「国有化」とは「何をしても構わない」の意味？

中内切　（中国では）国のほうがその気になったら、全部、差し押《お》さえられる。こういう政治リスクの怖《こわ》さがある。自由主義経済との違《ちが》いは、要するに、ここだからね。「個人の財産」なるものはないんですよ。本当は、あっという間に、全部国有化されてしまう怖さがあるんです。

今、尖閣《せんかく》で争っていますが、「『国有化した』ということは、『オールマイティーになった』ということだ」というふうに、彼らは考えるわけですよ。そういうことができる国なのでね。だから、「国有化したのに、何もしない。上陸させないし、砲台《ほうだい》も、灯台も、船《ふな》だまりもつくらない」みたいなことは信じられないんですよ。

中国で、「国有化する」ということは、「何をやったって構わない」ということですからね。

そういうところですから、例えば、「これは売国企業だ」とか、「反日を国是《こくぜ》にする」とか、バーンと何か言った瞬間《しゅんかん》に、全部潰《つぶ》れる。一瞬で潰れる。（企業など）潰そうと思えば、一日で潰れるんですよ。

その経営リスクを、ほかのどこかで何か担保するだけの蓄積《ちくせき》があったり、逃《に》げていくところがあったりすればいいけど、とたんに全部、詰《つ》まってしまうのだったら危険だね。

だから、ユニクロとしては、おそらく、「中国の所得を上げ、中流層に近づいてくれれば、現地生産して現地販売《はんばい》できるようになる」と考えているだろうけど、そのレベルになったら、中国としては接収するのに非常に便利なんですよ。

現地生産で現地のニーズに合ったものが提供できるようになったら、それを国有化して、持っていってしまえば、ものすごくいい。なんで日本に利益を落とさなきゃいけないか、その理由がないよね？　別に、そんなものは、「もう自立できますので、指導料を払《はら》う必要はありません」と言うことだってできるわけです。そういうリスクまで、頭のなかにあるかどうか。これは怖いところだよね。

小林　そのお言葉を柳井《やない》社長にお届けしましょう。

中内切　まあ、もう、言うても駄目《だめ》だと思うよ。もう、頭が〝沸騰《ふっとう》〟しているからね。あの頭は、完全に沸騰しているんだよ。「五兆円企業をつくろう」と思って必死なんだ。だけど、一兆円から五兆円を目指す範囲《はんい》内に、〝地獄《じごく》〟が何個あるか、まだ分からないかもね。

これは、ヒトラーと本当に一緒《いっしょ》だよ。「最初の電撃《でんげき》戦で勝った」と思うて広げていったけど、ソ連侵攻《しんこう》とかイギリス攻撃とかを始めた段階で、最終的な破滅《はめつ》まで見えたところがあるからね。

だから、それで止《と》めればよかったけど、止められなかったら、近隣《きんりん》国まで行ってしまうところはあるわね。

9 幸福の科学は、生き残れるのか

宗教における「競争戦略」と「待ちの戦略」とは

中内切　だけど、君たち、そんな話だけ訊《き》いてたらいけないんじゃないの？

小林　では、最後の質問をさせていただきたいのですが、今日、お話をお伺《うかが》いしていますと、歴史的な面も含《ふく》め、視野の広さを感じさせていただきました。これは、さぞや、過去世《かこぜ》においても活躍《かつやく》をされた……。

中内切　いや、その前に、あんたは、「幸福の科学が、五年後や十年後に生き残っているかどうか」を訊くべきなんじゃないのか。

君、過去なんかは、どうでもいいけど、そっちのほうが危ないんじゃないのか。大丈夫《だいじょうぶ》か。

大田　ぜひ、それをお聴《き》かせください。

中内切　あなたが財務局長か。それは責任重大やな。もう、〝首〟をぶら下げられるかどうかがかかっとるわなあ。他人事《ひとごと》ではないよな。

そうやねえ、わしの見るところでは、うーん……。今のあなたがたは、「競争戦略」を、そんなに考えてないのよ。考えてないんだけど、大川隆法総裁がやっていること自体が、実は、「競争戦略」になってしまってるのよ。思いついてやること自体が、ほかの宗教との差別化ができているために、自動的に「競争戦略」が起きているんだね。

ただ、別な意味で、要するに、伝統宗教の〝強さ〟というものがあって、「あれだけ面白《おもしろ》くないことをやりながら、何百年も生きてきた」という〝強さ〟があるわけだ。

だから、今後は、そのへんのところとの戦いが起きるかもしれないね。

まあ、新しい宗教は、戦後、いくらでも起きてきたのよ。それで、「すごいカリスマ性のある教祖がいたときにバッと伸《の》びて、その人が死んだら消える」ということばかりを繰《く》り返しやってきた。

そういうとき、八百年とか千二百年とか続いているような宗教は、そのブームには乗れないんだけど、そこでジーッと耐《た》えていると、いつの間にか（新しい宗教が）消えていくわけだ。そうした大企業《きぎょう》の「待ちの戦略」のようなことをやってきたのよ。だから、おそらく、今も、そういう目で見ているだろうと思うよ。

「逆流作戦」をとる幸福の科学はリスキーな〝博打《ばくち》打ち〟？

中内切　やっぱり、（幸福の科学は）リスクをかなり張ってるよな。例えば、あなた（大田）が、財務局のお金を全部持って、ラスベガスのホテルに今日から泊《と》まっとると思ったらええよ。何日ぐらい滞在《たいざい》する自信がある？（会場笑）へへ……。

大田　非常に厳しいと思います。

中内切　ハッハハハハ……。まあ、そういうところはあるわな。それで、どんどんリスキーなところにも入っていって、今、政治のほうまで入っとるだろう？　宗教が政治に入ったら、一つのリスクだよな。

さらに、学校のほうにも入ったよな？　今、学校は「冬の時代」でどんどん潰《つぶ》れてるわね。でも、そうやって廃校《はいこう》が相次いでいるなかで、学校事業に突入《とつにゅう》するのは、完全に「逆流作戦」だよ。生徒が入らないために大学が潰れ、中高が潰れ、老舗《しにせ》のような学校まで潰れているときに、つくりに入っているわけだからね。

政治だって、今はもう、利益を食《は》めなくなってるよな。規制がうるさくて、取り締《し》まりばかりがやたら多く、うまみがなくなって、政治をやっても私腹を肥やせなくなった時代だ。そういう、みんながあきれ果てているようなときに政治に手を出していこうとしている。

しかも、宗教というのは、だいたい平和を唱えておけば、いちばん〝客寄せ〟がうまくいくのに、あえて争いごとを持ち出して、あれこれ言う。はっきり言って、非常にリスキーな〝博打打《ばくち》ち〟だよ。怖《こわ》いわあ。

「幸福の科学があるかどうか」っていうのは、毎年毎年確認しないといけない。

あなたの任期と一緒《いっしょ》で、一年交替《こうたい》でチェックしないと分からんな。アホが一人出てきただけで、ほんまに潰すかもしらん。

大田　しっかりと脇《わき》を締めて、継続《けいぞく》していきたいと思います。

幸福の科学が自ら潰《つぶ》れるのを待っている他宗教

中内切　（幸福の科学は）すでに、何度も危機を経験されているんじゃないかと思うけど、衆目《しゅうもく》の見るところ、〝同業他社〟が見るところ、「よくもっているな」という感じだね。

「あんなに派手にやりながら、よくもっていますね。何か、からくりがあるんでしょうか。それとも、本当に本気でやっているんでしょうか。本気でやっているなら、〝四十二・一九五キロ〟（マラソン）を走り切るのは大変なんじゃないでしょうかね」というのが共通認識だ。まるで、障害物競走で、四十二・一九五キロを走っているような感じには見えているかな。

大田　そうですか。

中内切　だから、大手宗教はみんな、何も技《わざ》をかけないで、潰《つぶ》れるのを待っているわけだ。

でも、ここ数十年にできた、新宗教と分類されるところは、「客を奪《うば》われている」という認識を持っている。明らかに、（信者が）減っていってるのでね。

ただ、彼らは、「ブームは去って、いずれ凋落《ちょうらく》する」と期待している。あなたがたは、そういうなかで、平気で目立つことをやりたがっている感じかな。

大田　ありがとうございました。

中内切　いやあ、君らは、ネクタイじゃなくて、クビに縄《なわ》をつけて出勤したほうがいいよ。管理職は、こうやってぶら下げながら……。

小林　はい。どうもありがとうございます（笑）。

中内切　アッハ！　活字にならない？　うーん、悪かったな。

10　戦国時代の過去世《かこぜ》とは

前回は強敵ばかりの「常在戦場」の時代を生きた

小林　最後に、今日は、時間的にも空間的にも、非常に広い視野からの、さまざまな貴重なアドバイスを頂けたことから見まして、「過去世《かこぜ》でも、いろいろなご活躍《かつやく》をされた方である」という印象を受けました。

いろいろな意味で、さまざまな方の参考になると思いますので、その一端《いったん》を、少しお教えいただけると、たいへんありがたく思います。

中内切　うーん……。いやあ、もう、棺桶《かんおけ》の蓋《ふた》を閉じた人間だから、評価は定まってるんじゃないの？　まあ、こんなもんですよ。肉屋のおやじが偉《えら》くなったようなもんですから、大したことはありません。

小林　お話のなかで、戦国時代のたとえ話がずいぶん出ていましたが、やはり、あの時代に関係がおありだったのでしょうか。

中内功　うーん……。そういうことは多かったかもしれない。まあ、「常在戦場」ではあったね。確かに、そういう感じだったかな。いつも戦ってはいたね。いや、あの時代は、きつい時代だった。本当に強敵が多くて、いつやられるか分からない感じだったな。ある程度までは大きくなるんだけど、必ず、あとからあとから強いのが出てくるんだよ。

小林　わりと強敵が近くにいるような感じのところだったのでしょうか。

中内切　うーん……。まあ、そういうところだな。いや、みんな、それなりに強かったね。名前を聞いただけで震《ふる》え上がるような武将がたくさんいた時代ではあるな。

小林　「名前を聞いて震え上がる」と言いますと、一般《いっぱん》的には、武田信玄《たけだしんげん》などの近くにいらっしゃった感じでしょうか。

中内切　そうなんだよな。何ていうか、ああいう人は、本当に困るんだよ。地の利があるしね。

また、「天下布武《てんかふぶ》」を言う人（織田信長《おだのぶなが》）も出てくるし、本当に強い人が天下統一をしたかというと、実際は、そうでもない面もあったりする。やはり、運があるから、他の人がある程度までやったあとに、コロッと手に入れるやつがいるわけだよ。

だから、私は、何だか、市場原理によく似た感じを受けるね。

過去世《かこぜ》は織田《おだ》軍内で「天下布武《てんかふぶ》」を目指した武将の一人

小林　そうしますと、比較《ひかく》的、京都から尾張《おわり》方面、三河《みかわ》方面にかけてあたりの……。

中内切　ヘッヘッヘッ……。まあ、有名な人が目白押《めじろお》しで、そのへんは、みんな、言いたい放題言ってるから、俺《おれ》は、あんまり関心がないんだ。

だけど、どっちかというと、俺も「天下布武《てんかふぶ》」をやりたくてやっていたほうの一人ではあるかな。だから、まあ、織田《おだ》軍の武将の一人と言っていいかな。

小林　お名前は……。

中内切　さあ？　有名ではないんじゃないの？　最近の人は、日本史は難しいから勉強できないんだってさ。「ＡＢＣから選んでください」みたいな感じで記号を付けてくれないと、分からないんだってさ。アッハハハ……。だから、まあ、貴族の時代じゃないわなあ。

いやあ、そんなに知りたいか。うーん……。まずいんだよな。ちょっとだけまずいんだよ。俺なんかは、もう、あとがないからさ、言ったってしかたないんだよ。何かプラスがあれば言うけどさ、大したことない。

だけど、まあ、「織田軍のなかで、『天下布武』を目指していた者の一人だ」ということだよな。だから、「おたくにも関係のある人が、ちょっとはいた」ということは言えるかな。

小林　はい。分かりました。

大田　ありがとうございました。

中内切　あんた（小林）なんかは、ちょっとだけ遅《おく》れて、あとで、〝おむすびころりん〟でもらったほうだぜ。そんなにリスクを取らないで、うまいことやって、もらった。われらが戦って、みんな果てていったあとで、うまいこと、コロッともらったほうだと思うよ。

小林　はい。

大田　ありがとうございました。

11　日本経済への責任感

過去世《かこぜ》の明言を避《さ》けた中内霊

大川隆法　（上を見て）還《かえ》ったのかな？

何か思わせぶりな内容でしたね。よく分からないところもありましたが、やはり、〝武将〟のような感じはあったのでしょうか。

小林　はい。ただ、織田《おだ》配下であったようですから、「味方である」とは思います。

大川隆法　以前、五大老《たいろう》の一人である前田利家《まえだとしいえ》の生まれ変わりが、十年ぐらい当会の理事長をしていましたからね。ただ、五大老だけで五人いますし、ほかに途《と》中《ちゅう》で亡《な》くなっている人もいますから、誰《だれ》かは分かりません。

このあたりは、今世《こんぜ》の商売から見ると、何となく言いにくいのでしょうか。

小林　そうだと思います。

大田　イメージがきつくなりますので（笑）。

大川隆法　「主婦の店ダイエー」と言っていましたから、このあたりのことは、少し言いにくいのかもしれませんね。

でも、天下取りを目指してはいたのだと思います。

おそらく、ファーストリテイリングの柳井《やない》さんや、ソフトバンクの孫正義《そんまさよし》さんなどといった人たちも、みな、武将を目指していたような人だったのでしょう。

小林　ええ。柳井さんも、同じことをおっしゃっていましたので（『柳井正《ただし》社長の守護霊《しゅごれい》インタビュー　ユニクロ成功の霊的秘密と世界戦略』〔幸福の科学出版刊〕参照）、何となく言いにくいのかなという感じはしました。

大川隆法　そういうふうにはっきり分かると、具合が悪いのかもしれません。

大田　ええ。

宗教学者も「お手上げ状態」の幸福の科学の動き

大川隆法　幸福の科学は、一年ごとに監査《かんさ》しないと危ないらしいですよ（笑）。どうしましょうか。

小林　当会は、よい〝リスク〟を取り続けていると思います。ですから、外から見れば、そのように見えると思いますが、それは、時代を拓《ひら》くためのリスクを取り続けていることへの客観的な評価だと思います。

大川隆法　「全額を彼（大田）に与《あた》えて、ラスベガスに持っていかせたら何日いられるか」と言っていました（笑）。

まだ、パチンコ屋だったら潰《つぶ》れないとは思うのですが、ラスベガスなら潰れるかもしれません。気をつけないと危ないですね。

確かに、ほかの宗教から見れば、当会は異質な動きをしているのでしょう。少しありえないような、よく分からない動き方を、次から次へとたくさんしていて、理解できないのだと思います。

宗教学者でさえ、何だかよく分からなくて、もう、お手上げ状態のようですからね。「突《つ》っ走《ぱし》っていって、いずれ消えるだろう」と思っているのに、「まだ頑張《がんば》っているなあ」というような感じでしょうか。

まあ、中内さんの過去世《かこぜ》については、分からなくていいのかもしれません。分からないから面白《おもしろ》いのだと思います。今、彼の過去世の名前を出されたら、経営者たちがみな震《ふる》え上がりますからね。

小林　ええ。

大川隆法　株価が一斉《いっせい》暴落するかもしれません。

小林　本当に、慈悲《じひ》のコメントを頂いたと思います。

「行けるところまで行きたい」という経営者たちの衝動《しょうどう》

大川隆法　意外に、厳しく言ってもらったほうがよいのではないでしょうか。今、生きている人が言っても、どうせ聞き入れないでしょうから、先輩《せんぱい》として、そういう人が言ったほうがいいところもあります。

ナベツネさん（渡邉恒雄《わたなべつねお》）の守護霊が新聞業界について、「絶滅危惧種《ぜつめつきぐしゅ》だ」と言っているぐらいですからね（『ナベツネ先生 天界からの大放言』〔幸福の科学出版刊〕参照）。まあ、それはそうかもしれません。「紙が要《い》らない」と言われてしまったら、本当に終わってしまいますし、下手したら、業界自体がなくなりますよ。だから、それは分かりません。

楽天《らくてん》についても、「そんなに〝楽天〟ではない」という言い方でした。確かに、三木谷《みきたに》氏は、経団連を脱退《だったい》して「新経連（新経済連盟）」を立ち上げるなど、少し〝生意気な〟動きをし始めましたね。

彼の場合、最初は、すごい〝おやじキラー〟で、それが、ホリエモン（堀江貴文《ほりえたかふみ》氏）との違《ちが》いを分けました。ポロシャツを着て出てくるホリエモンに対し、いかにも「銀行に勤めていた」という堅《かた》い感じで背広を着て出てくるため、意外に印象が違ったのです。「経団連の〝お偉《えら》いさん〟を味方にするか、敵にするか」「警察官が怪《あや》しいと見るか、見ないか」ということは、意外に外見と関係があったわけです。

ただ、あのあたりは、そろそろ勝負を焦《あせ》ってきたのでしょうか。孫正義さんも、年齢《ねんれい》的にチャレンジできる最後のタイミングと思っているのかもしれません。それは、柳井さんも一緒《いっしょ》でしょう。

みな、跡《あと》を継《つ》げないような仕事をしているために、ダイエーが経験したようなことをするかもしれませんね。

それでも、行けるところまで行きたいのでしょう。この衝動《しょうどう》は止まらないと思います。ここは知恵《ちえ》比べですから、しかたがありません。

松下《まつした》とダイエーの対決が「川中島《かわなかじま》の合戦」に見えた

大川隆法　ただ、中内さんは、生前、よく勉強していたようですね。社長室も本だらけで、「万の本を読みながら歩いている経営者」というような自学自習の方でした。

一方、幸之助《こうのすけ》さんは、本を読まず、耳学問だけを一生懸命《いっしょうけんめい》にしておられましたね。意外に、このお二人は、天国・地獄《じごく》という関係ではなかったようです。

私には、何となく、幸之助さんと川中島《かわなかじま》で対決でもしていたかのようなイメージがありました（会場笑）。「信玄《しんげん》 対 謙信《けんしん》」のような感じで対峙《たいじ》したまま決着がつかなかったような印象を受けましたね。

まあ、このへんには、まだ、分からないところがたくさんあるのかもしれないので、折々に、必要なことを教わったらよいでしょう。

当会にも、まだ、規模的に、もう一回り大きくならないと見えないものがあるのかもしれないと思います。やはり、視野に入ってきつつはあっても、経験しないと分からないものはあるのです。

例えば、当会のように、「小さな教団のときにはまったく見えなくても、規模を追い抜《ぬ》いていくときには、ほかの教団のやっていることがすべて見えてくる」ということがあるわけです。

だから、もう一段、大きくなれば、見えてくるものがあるのかもしれませんね。
ただ、当会が研究対象になっていることは間違いないので、周りに、ずっと研究されながら活動している感じでしょうか。まあ、そういうところなのでしょう。

日本経済全体をじっと見ていた中内霊

大川隆法　今回の霊言《れいげん》は意外でした。これは、日本の経済全体について、そうとう、じっと見ている感じですね。

小林　「経団連の監査担当副会長」のような感じでした。

大川隆法　まだ、されているようでしたね。霊界《れいかい》でも「経団連」をつくっているのかもしれません。亡くなっているのに、土光《どこう》さん（土光敏夫《としお》）が横に座《すわ》って、一緒に見ているのかもしれませんね（笑）。いちおう、みな、責任を感じているのではないでしょうか。

まあ、「安売りでも、成功するものもあれば失敗するものもある」ということですね。

ただ、「『三つに一つしか残らない』と思っておけ」という言葉は、肝《きも》に銘《めい》じたほうがよいかもしれません。

実は、当会信者の経営者向けに、横浜正心館《よこはましょうしんかん》で説法《せっぽう》をする予定なので、「若《じゃっ》干《かん》、情報収集をしておかなくてはいけない」と思い、霊言を録《と》ったのですが、厳しいですね。あまり、厳しい話をすると、大黒天《だいこくてん》たちが、みな萎縮《いしゅく》してしまって、〝小黒天《しょうこくてん》〟になってしまうかもしれません（笑）（本霊言収録の二日後、「未来を拓く経営の秘訣《ひけつ》」と題して説法した）。

小林　経営者ですので、このくらいの……（笑）。

大川隆法　大丈夫《だいじょうぶ》でしょうか。いや、怖《こわ》いですね。

でも、確かに、一兆円規模になって分かるものもあるのでしょう。

ホリエモンも、「時価総額世界一」を目指して資金を集め、八千億円ぐらい集めたあたりで〝やられ〟ました。「目指せ、一兆円！」と言ってお金だけを集め、その集めた資金で、球団を買ったり、いろいろなことをしようとしていたときでしたね。別に、儲《もう》けや利益ではなく、資金を集めていただけではあります。

まあ、マスコミに手を出して、少し火傷《やけど》をしたのだと思います。いろいろと目に見えないバリアは、たくさんあるのでしょうね。やはり、マスコミも、一つの聖域だったりするのでしょうか。

天命を信じ、やるべきことを進める姿勢が大事

大川隆法　当会もやりたい放題やっているので、隙《すき》があるかどうかは分かりませんが、やられるとしたら、どこからでしょうか。

確かに、政治もやっているし、大学も危ないかもしれません。例えば、大学などでも、建ったとたんに沈《しず》んでしまったりしているところなどは、きついですね。

小林　ただ、今回、中内さんが見ておられなかった点は、「ソフト力」のところだと思います。おそらく、そこが、まだ見えておられないところではないでしょうか。

大川隆法　なるほど。でも、この人は、流通科学大学をつくりましたよね。ここ

は、どうしているのでしょう。教えることはあるのでしょうか。

まあ、マクドナルドの「ハンバーガー大学」というものもありますからね。

小林　特に、その後は聞いておりませんので、そのレベルかと思います。

大川隆法　しかたがないところはあるでしょうが、あとは、天命にお任せするしかありません。「教団にどこまで天命があるか」ということだと思います。もちろん、この世的に見て考え、やれるべきことをやっていくことは大事でしょう。

まあ、今回の霊言も、何かの参考にはなると思います。

では、ありがとうございました。

あとがき

この小柄な老人が、何十年も流通革命の旗手《きしゅ》として戦い続けて来たんだなあ、と、地味な背広姿の老将を見て、私はかすかな感動を感じていた。その飾らない軽快な動きに、「安売り哲学」の神髄《しんずい》を見た気がした。

幸之助氏に初期の霊言集を献本した時にも、和紙に筆字で書いたかのように、直筆に見える礼状（たぶんワープロだったと思うが）が届いて、思わず虫眼鏡《むしめがね》で確認したほどだった。偉くなる人は皆、腰が低い。若き日の私も、自分が高飛車《たかびしゃ》になってはならないと、当然ながら、反省と自戒《じかい》の念を深めた。

本文中、中内氏は、新しい経営者たちに厳しい警告《けいこく》を発しているが、いたずらに反発してはいけないと思う。

経営者は「常在戦場《じょうざいせんじょう》」の気持ちを忘れてはならず、成功するにつれて、諫言《かんげん》してくれる人が少なくなる事実を自覚していなければなるまい。私も毎年、冷汗《ひやあせ》もの の戦いを続けつつ、もうすぐ三十年になる。野武士のようなハングリー精神を忘れまいと自戒している。

二〇一三年　六月三十日

幸福《こうふく》の科学《かがく》グループ創始者兼総裁《そうししゃけんそうさい》　大川隆法《おおかわりゅうほう》

『ダイエー創業者 中内㓛・衝撃の警告 日本と世界の景気はこう読め』

大川隆法著作関連書籍

『沈みゆく日本をどう救うか』（幸福実現党刊）
『松下幸之助の未来経済リーディング』（幸福の科学出版刊）
『柳井正社長の守護霊インタビュー ユニクロ成功の霊的秘密と世界戦略』（同右）
『三木谷浩史社長の守護霊インタビュー 「楽天」とＩＴ産業の未来』（同右）
『未来産業のつくり方――公開霊言 豊田佐吉・盛田昭夫――』（同右）
『井深大「ソニーの心」』（同右）
『ナベツネ先生 天界からの大放言』（同右）

ダイエー創業者《そうぎょうしゃ》 中内㓛《なかうちいさお》・衝撃《しょうげき》の警告《けいこく》
日本《にほん》と世界《せかい》の景気《けいき》はこう読《よ》め

2013年7月9日　初版第1刷

著　者　　大《おお》 川《かわ》 隆《りゅう》 法《ほう》

発行所　　幸福の科学出版株式会社

〒107-0052 東京都港区赤坂2丁目10番14号
TEL(03)5573-7700
http://www.irhpress.co.jp/

印刷・製本　株式会社 堀内印刷所

落丁・乱丁本はおとりかえいたします

ISBN978-4-86395-356-7 C0030
写真：Fujifotos/アフロ

大川隆法ベストセラーズ・発展する企業を創る

経営入門

人材論から事業繁栄まで

豪華装丁 函入り

経営規模に応じた経営の組み立て方など、強い組織をつくるための「経営の急所」を伝授。

9,800 円

社長学入門

常勝経営を目指して

豪華装丁 函入り

デフレ時代を乗り切り、組織を成長させ続けるための経営哲学、実践手法が網羅された書。

9,800 円

未来創造のマネジメント

事業の限界を突破する法

豪華装丁 函入り

変転する経済のなかで、成長し続ける企業とは、経営者とは。戦後最大級の組織をつくり上げた著者による、現在進行形の経営論がここに。

9,800 円

智慧の経営

不況を乗り越える
常勝企業のつくり方

豪華装丁 函入り

不況でも伸びる組織には、この 8 つの智慧がある――。26 年で巨大グループを築き上げた著者の、智慧の経営エッセンスをあなたに。

10,000 円

※表示価格は本体価格(税別)です。

大川隆法 霊言シリーズ・経営者シリーズ

三木谷浩史社長の守護霊インタビュー 「楽天」とIT産業の未来

キャッシュレス、ネット選挙、個人情報の寡占化……。誰も知りえなかった楽天・三木谷社長の本心を、守護霊インタビューで明らかにする。

1,400円

柳井正社長の守護霊インタビュー ユニクロ成功の霊的秘密と世界戦略

反日暴動でもユニクロが中国から撤退しない理由とは——。「逆張り」の異端児・柳井社長守護霊が語った、ユニクロ戦略の核心と、その本音に迫る!

1,500円

稲盛和夫守護霊が語る 仏法と経営の厳しさについて

実戦で鍛えられた経営哲学と、信仰で培われた仏教精神。日本再建のカギとは何か——。いま、大物実業家が、日本企業の未来にアドバイス!

1,400円

幸福の科学出版

大川隆法霊言シリーズ・マスコミの本音を直撃

ニュースキャスター 膳場貴子のスピリチュアル政治対話
守護霊インタビュー

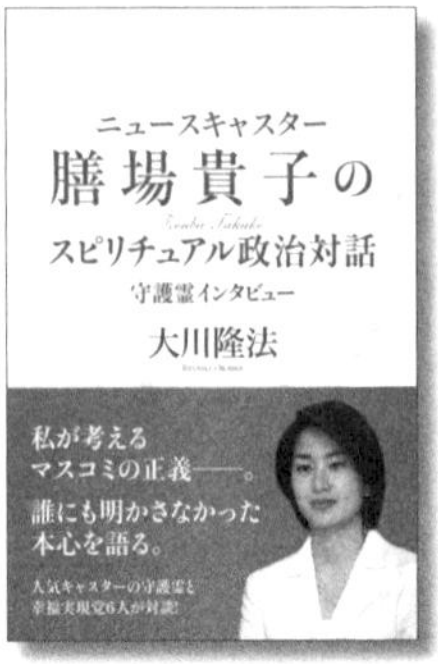

この国の未来を拓くために、何が必要なのか？ 才色兼備の人気キャスター守護霊と幸福実現党メンバーが、本音で語りあう。
【幸福実現党刊】

1,400円

ビートたけしが幸福実現党に挑戦状
おいらの「守護霊タックル」を受けてみな！

人気お笑いタレントにして世界的映画監督――。芸能界のゴッドファーザーが、ついに幸福実現党へ毒舌タックル！
【幸福実現党刊】

1,400円

筑紫哲也の大回心
天国からの緊急メッセージ

筑紫哲也氏は、死後、あの世で大回心を遂げていた!? TBSで活躍した人気キャスターが、いま、マスコミ人の良心にかけて訴える。
【幸福実現党刊】

1,400円

※表示価格は本体価格（税別）です。

田原総一朗守護霊 VS. 幸福実現党ホープ

バトルか、それともチャレンジか？

未来の政治家をめざす候補者たちが、マスコミ界のグランド・マスターと真剣勝負！ マスコミの「隠された本心」も明らかに。

【幸福実現党刊】

ダイジェスト DVD付

1,800円

バーチャル本音対決

TV 朝日・古舘伊知郎守護霊 VS. 幸福実現党党首・矢内筆勝

なぜマスコミは「憲法改正」反対を唱えるのか。人気キャスター 古舘氏守護霊と幸福実現党党首 矢内が、目前に迫った参院選の争点を徹底討論！

【幸福実現党刊】

ダイジェスト DVD付

1,800円

本多勝一の守護霊インタビュー

朝日の「良心」か、それとも「独善」か

「南京事件」は創作！「従軍慰安婦」は演出！ 歪められた歴史認識の問題の真相に迫る。自虐史観の発端をつくった本人（守護霊）が赤裸々に告白！

【幸福実現党刊】

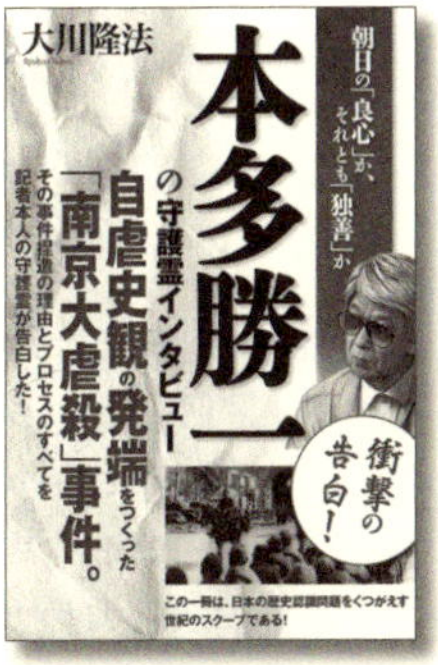

1,400円

大川隆法 霊言シリーズ・現代政治へのアドバイス

大平正芳の大復活

クリスチャン総理の緊急メッセージ

ポピュリズム化した安倍政権と自民党を一喝! 時代のターニング・ポイントにある現代日本へ、戦後の大物政治家が天上界から珠玉のメッセージ。
【幸福実現党刊】

1,400円

中曽根康弘元総理・最後のご奉公

日本かくあるべし

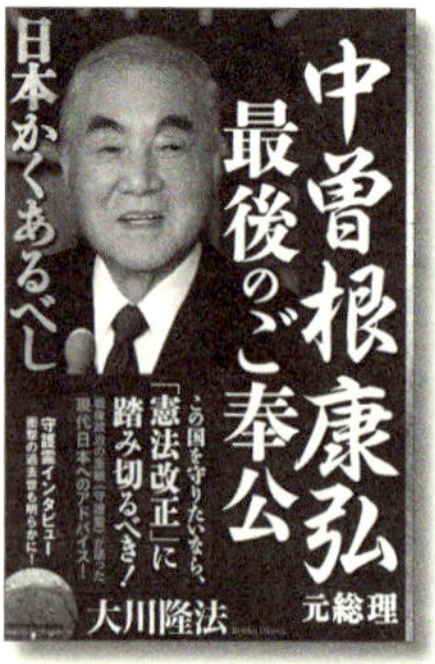

「自主憲法制定」を党是としながら、選挙が近づくと弱腰になる自民党。「自民党最高顧問」の目に映る、安倍政権の限界と、日本のあるべき姿とは。
【幸福実現党刊】

1,400円

公開霊言 東條英機、「大東亜戦争の真実」を語る

戦争責任、靖国参拝、憲法改正……。他国からの不当な内政干渉にモノ言えぬ日本。正しい歴史認識を求めて、東條英機が先の大戦の真相を語る。
【幸福実現党刊】

1,400円

※表示価格は本体価格(税別)です。

大川隆法ベストセラーズ・希望の未来を切り拓く

未来の法

新たなる地球世紀へ

暗い世相に負けるな！ 悲観的な自己像に縛られるな！ 心に眠る無限のパワーに目覚めよ！ 人類の未来を拓く鍵は、一人ひとりの心のなかにある。

2,000円

Power to the Future

未来に力を

英語説法集
日本語訳付き

予断を許さない日本の国防危機。混迷を極める世界情勢の行方──。ワールド・ティーチャーが英語で語った、この国と世界の進むべき道とは。

1,400円

日本の誇りを取り戻す

国師・大川隆法　街頭演説集 2012

2012年、国論を変えた国師の獅子吼。外交危機、エネルギー問題、経済政策……。すべての打開策を示してきた街頭演説が、ついにDVDブック化！
【幸福実現党刊】

街頭演説
DVD付

2,000円

幸福の科学グループのご案内

宗教、教育、政治、出版などの活動を通じて、地球的ユートピアの実現を目指しています。

宗教法人　幸福の科学

一九八六年に立宗。一九九一年に宗教法人格を取得。信仰の対象は、地球系霊団の最高大霊、主エル・カンターレ。世界百カ国以上の国々に信者を持ち、全人類救済という尊い使命のもと、信者は、「愛」と「悟り」と「ユートピア建設」の教えの実践、伝道に励んでいます。

（二〇一三年七月現在）

愛

幸福の科学の「愛」とは、与える愛です。これは、仏教の慈悲《じひ》や布施《ふせ》の精神と同じことです。信者は、仏法真理をお伝えすることを通して、多くの方に幸福な人生を送っていただくための活動に励んでいます。

悟り

「悟り」とは、自らが仏の子であることを知るということです。教学《きょうがく》や精神統一によって心を磨き、智慧《ちえ》を得て悩みを解決すると共に、天使・菩薩《ぼさつ》の境地を目指し、より多くの人を救える力を身につけていきます。

ユートピア建設

私たち人間は、地上に理想世界を建設するという尊い使命を持って生まれてきています。社会の悪を押しとどめ、善を推し進めるために、信者はさまざまな活動に積極的に参加しています。

国内外の世界で貧困や災害、心の病で苦しんでいる人々に対しては、現地メンバーや支援団体と連携して、物心両面にわたり、あらゆる手段で手を差し伸べています。

年間約３万人の自殺者を減らすため、全国各地で街頭キャンペーンを展開しています。

公式サイト **www.withyou-hs.net**

ヘレン・ケラーを理想として活動する、ハンディキャップを持つ方とボランティアの会です。視聴覚障害者、肢体不自由な方々に仏法真理を学んでいただくための、さまざまなサポートをしています。

公式サイト **www.helen-hs.net**

教育

学校法人 幸福の科学学園

学校法人 幸福の科学学園は、幸福の科学の教育理念のもとにつくられた教育機関です。人間にとって最も大切な宗教教育の導入を通じて精神性を高めながら、ユートピア建設に貢献する人材輩出を目指しています。

幸福の科学学園

中学校・高等学校（那須本校）
2010年4月開校・栃木県那須郡（男女共学・全寮制）
TEL **0287-75-7777**
公式サイト **happy-science.ac.jp**

関西中学校・高等学校（関西校）
2013年4月開校・滋賀県大津市（男女共学・寮及び通学）
TEL **077-573-7774**
公式サイト **kansai.happy-science.ac.jp**

幸福の科学大学（仮称・設置認可申請予定）
2015年開学予定
TEL **03-6277-7248**（幸福の科学 大学準備室）
公式サイト **university.happy-science.jp**

仏法真理塾「サクセスNo.1」
小・中・高校生が、信仰教育を基礎にしながら、「勉強も『心の修行』」と考えて学んでいます。
TEL **03-5750-0747**（東京本校）

不登校児支援スクール「ネバー・マインド」
心の面からのアプローチを重視して、不登校の子供たちを支援しています。
また、障害児支援の「**ユー・アー・エンゼル!**」運動も行っています。
TEL **03-5750-1741**

エンゼルプランV
幼少時からの心の教育を大切にして、信仰をベースにした幼児教育を行っています。
TEL **03-5750-0757**

NPO
活動支援

学校からのいじめ追放を目指し、さまざまな社会提言をしています。また、各地でのシンポジウムや学校への啓発ポスター掲示等に取り組むNPO「いじめから子供を守ろう！ネットワーク」を支援しています。

ブログ **mamoro.blog86.fc2.com**
公式サイト **mamoro.org**
相談窓口 **TEL.03-5719-2170**

政治

幸福実現党

内《ない》憂《ゆう》外《がい》患《かん》の国難に立ち向かうべく、二〇〇九年五月に幸福実現党を立党しました。創立者である大川隆法党総裁の精神的指導のもと、宗教だけでは解決できない問題に取り組み、幸福を具体化するための力になっています。

党員の機関紙
「幸福実現NEWS」

TEL 03-6441-0754
公式サイト hr-party.jp

出版メディア事業

幸福の科学出版

大川隆法総裁の仏法真理の書を中心に、ビジネス、自己啓発、小説など、さまざまなジャンルの書籍・雑誌を出版しています。他にも、映画事業、文学・学術発展のための振興事業、テレビ・ラジオ番組の提供など、幸福の科学文化を広げる事業を行っています。

TEL 03-5573-7700
公式サイト irhpress.co.jp

入会のご案内

あなたも、幸福の科学に集い、
ほんとうの幸福を
見つけてみませんか？

幸福の科学では、大川隆法総裁が説く仏法真理をもとに、
「どうすれば幸福になれるのか、また、
他の人を幸福にできるのか」を学び、実践しています。

入会

大川隆法総裁の教えを信じ、学ぼうとする方なら、どなたでも入会できます。入会された方には、『入会版「正心法語」』が授与されます。（入会の奉納は1,000円目安です）

ネットでも**入会**できます。詳しくは、下記URLへ。
happy-science.jp/joinus

三帰《さんき》誓願《せいがん》

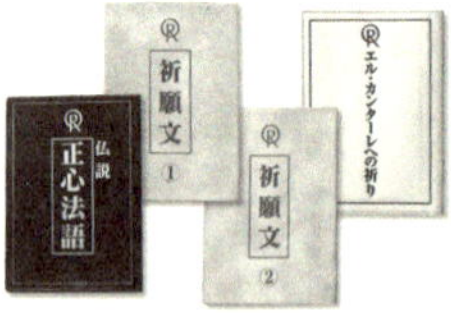

仏弟子としてさらに信仰を深めたい方は、仏・法・僧の三宝への帰依を誓う「三帰誓願式」を受けることができます。三帰誓願者には、『仏説・正心法語』『祈願文①』『祈願文②』『エル・カンターレへの祈り』が授与されます。

植福《しょくふく》の会

植福は、ユートピア建設のために、自分の富を差し出す尊い布施の行為です。布施の機会として、毎月1口1,000円からお申込みいただける、「植福の会」がございます。

「植福の会」に参加された方のうちご希望の方には、幸福の科学の小冊子（毎月1回）をお送りいたします。詳しくは、下記の電話番号までお問い合わせください。

月刊「幸福の科学」

ザ・伝道

ヤング・ブッダ

ヘルメス・エンゼルズ

INFORMATION
幸福の科学サービスセンター
TEL. 03-5793-1727（受付時間 火〜金:10〜20時／土・日:10〜18時）
宗教法人 幸福の科学 公式サイト **happy-science.jp**